D1717392

MIX
Papier aus verantwortungsvollen Quellen
Paper from responsible sources
FSC® C105338

Danilo Rößger

Die (De-)Professionalisierung des Journalismus

Nachrichtenproduktion im Spiegel ihrer Zeit

Bachelor + Master
Publishing

Rößger, Danilo: Die (De-)Professionalisierung des Journalismus. Nachrichtenproduktion im Spiegel ihrer Zeit, Hamburg, Diplomica Verlag GmbH 2012
Originaltitel der Abschlussarbeit: Zum Wandel der journalistischen Botschaft: Eine Gegenüberstellung von Nachrichtenproduktion zu Beginn des 19. Jahrhunderts und der Gegenwart

ISBN: 978-3-86341-474-0
Druck: Bachelor + Master Publishing, ein Imprint der Diplomica® Verlag GmbH, Hamburg, 2012
Zugl. Friedrich-Schiller-Universität Jena, Jena, Deutschland, Bachelorarbeit, März 2012

Bibliografische Information der Deutschen Nationalbibliothek:
Die Deutsche Nationalbibliothek verzeichnet diese Publikation in der Deutschen Nationalbibliografie; detaillierte bibliografische Daten sind im Internet über http://dnb.d-nb.de abrufbar.

Die digitale Ausgabe (eBook-Ausgabe) dieses Titels trägt die ISBN 978-3-86341-974-5 und kann über den Handel oder den Verlag bezogen werden.

Dieses Werk ist urheberrechtlich geschützt. Die dadurch begründeten Rechte, insbesondere die der Übersetzung, des Nachdrucks, des Vortrags, der Entnahme von Abbildungen und Tabellen, der Funksendung, der Mikroverfilmung oder der Vervielfältigung auf anderen Wegen und der Speicherung in Datenverarbeitungsanlagen, bleiben, auch bei nur auszugsweiser Verwertung, vorbehalten. Eine Vervielfältigung dieses Werkes oder von Teilen dieses Werkes ist auch im Einzelfall nur in den Grenzen der gesetzlichen Bestimmungen des Urheberrechtsgesetzes der Bundesrepublik Deutschland in der jeweils geltenden Fassung zulässig. Sie ist grundsätzlich vergütungspflichtig. Zuwiderhandlungen unterliegen den Strafbestimmungen des Urheberrechtes.

Die Wiedergabe von Gebrauchsnamen, Handelsnamen, Warenbezeichnungen usw. in diesem Werk berechtigt auch ohne besondere Kennzeichnung nicht zu der Annahme, dass solche Namen im Sinne der Warenzeichen- und Markenschutz-Gesetzgebung als frei zu betrachten wären und daher von jedermann benutzt werden dürften.

Die Informationen in diesem Werk wurden mit Sorgfalt erarbeitet. Dennoch können Fehler nicht vollständig ausgeschlossen werden, und die Diplomarbeiten Agentur, die Autoren oder Übersetzer übernehmen keine juristische Verantwortung oder irgendeine Haftung für evtl. verbliebene fehlerhafte Angaben und deren Folgen.

© Bachelor + Master Publishing, ein Imprint der Diplomica® Verlag GmbH
http://www.diplom.de, Hamburg 2012
Printed in Germany

INHALTSVERZEICHNIS

1. EINLEITUNG

Der gesellschaftliche Einfluss des gegenwärtigen Mediensystems war in der Kommunikationswissenschaft schon immer der Mittelpunkt zahlreicher wissenschaftlicher Dispute. Jedoch sollte nicht nur hinterfragt werden, *was die Medien mit den Menschen machen*; auch eine konträre Sichtweise mit einem Fokus auf die jeweiligen Nutzungsweisen darf nicht außer Acht gelassen werden. So ist es gleichsam von hohem Belang zu ermitteln, wie sich die Arbeit der Medienmacher gestaltet, da diese einen maßgeblichen Beitrag für die Entwicklung der öffentlichen Meinung leisten und somit aktiv an der Veränderung der Gesellschaft teilhaben.

Um ein Verständnis für aktuelle Diskurse bezüglich dieser komplexen Wechselwirkungsprozesse zwischen Menschen und Medien zu erlangen, lohnt sich ein Blick in die Geschichte. Hilfreich erweist sich dabei die Kommunikationswissenschaft, deren Wurzeln in der Zeitungskunde liegen. In ihrem Kontext wird unter anderem ergründet, mit welcher Intention, mit welchen Mitteln und in welchen Grenzen professionelle Journalisten damals wie heute arbeiten, um zu weiterführender Erkenntnis zu gelangen. Historisch gesehen erscheint es zunächst jedoch schwer, eindeutige Definitionen und scharfe Abgrenzungen zu finden, da es sich um einen Berufsstand handelt, der sich in einem stetigen Wandel befindet. Auch die rapide Weiterentwicklung der Massenmedien lässt eine eindeutige Antwort auf diese Fragen zunächst in weite Ferne rücken. Dennoch erscheint eine historisch-vergleichende Betrachtung mit zwei festen Fixpunkten als sinnvoll, um mögliche Zusammenhänge und Unterschiede von vergangenen Routinen mit der Gegenwart ergründen zu können. Somit bietet es sich an, eine Gegenüberstellung mit den Ursprüngen und dem gegenwärtigen Stand des Berufs anzufertigen. Vergleicht man die Merkmale der Arbeit der ersten professionellen Journalisten mit jenen der Gegenwärt, kann begriffen werden, inwiefern sich die Absichten für das Verfassen einer journalistischen Nachricht geändert haben könnten. Eine wichtige Rolle spielt dabei das Selbstverständnis der Nachrichtenvermittler und dessen Veränderung im Laufe der geschichtlichen Entwicklung. Zudem sollte in diesem Zusammenhang aufgeschlüsselt werden, welcher technischen Mittel sich Journalisten damals bedienten und welche Möglichkeiten im gegenwärtigen Informationszeitalter zur Verfügung stehen. Dies ermöglicht im weiteren Verlauf Prognosen bezüglich der Zukunft journalistischer Arbeit.

Zentrale Fragestellungen und Thesen

Antworten auf Fragen nach den *technischen und gesellschaftlichen Hintergründen* sowie den *Möglichkeiten* damaliger und heutiger journalistischer Arbeit können den Weg für Vorhersagen bezüglich der zukünftigen Ausrichtung des Berufsstandes ebnen. Aus diesem Grund soll diese Bachelorarbeit zunächst folgende Fragen beantworten:

- Was zeichnete die Arbeitsweise der ersten Journalisten aus, was charakterisiert den Berufsstand heute?

- Welchen (technischen) Mitteln wurde sich früher und heute bedient? Welche Konsequenzen lassen sich daraus ableiten?

- Inwiefern haben sich Intentionen für das Verfassen einer journalistischen Nachricht geändert?

Aufgrund der umfassenden Thematik soll auf einige besonders wichtige Faktoren ein erhöhtes Augenmerk gelegt werden. So befasst sich die vorliegende Arbeit verstärkt mit zwei modernen Erscheinungen, die einen starken Einfluss auf den gegenwärtigen journalistischen Schaffensprozess ausüben: Zum einen spielen Multimedialität und Interaktivität neuer Medien wie dem Internet eine große Rolle. Die technische Entwicklung vollzieht sich durch alle Gesellschaftsschichten und wirkt sich somit auch auf journalistische Aktivitäten und Denkweisen aus. Wie werden vor diesem Hintergrund nachrichtenrelevante Ereignisse wahrgenommen und vermittelt und wie unterscheidet sich dieser Prozess zur journalistischen Arbeit zu Beginn des 19. Jahrhunderts? In diesem Zusammenhang steht zum anderen das Phänomen des Laien- oder Bürgerjournalismus: In Zeiten des Internet wird es immer einfacher, auch ohne professionelle Ausbildung am journalistischen Schaffensprozess zu partizipieren. Von daher ist die Frage zu stellen, welchen Einfluss nutzergenerierte Nachrichten auf den professionellen Journalismus ausüben.

Ausgehend von diesen Gedankengängen haben sich als Vorüberlegung drei Thesen herausgebildet, auf deren Grundlage diese Arbeit vorgehen wird:

1. Mit steigender Technologisierung steigt zwar die Quantität von journalistischen Nachrichten, die Qualität verschlechtert sich jedoch, weil aufgrund des vereinfachten Zugangs zu Informationen eine strengere und vor allen Dingen schnellere Selektion erfolgen muss.

2. Dieser Selektionsprozess gestaltet sich als weitaus komplexer als damals und führt zu einem kontraintuitiven Informationsverlust, da bestimmte Informationen „auf der Strecke bleiben".

3. Aufgrund zahlreicher Partizipationsmöglichkeiten verschwimmen die Grenzen journalistischer Aktivitäten gegenwärtig zunehmend. Der Berufsstand des Journalisten hat sich demzufolge entscheidend verändert und befindet sich noch immer in einer Phase des Umbruchs.

Forschungsstand

Während historische Abhandlungen über den Journalismus bereits Ende des 19. Jahrhunderts durchgeführt worden sind (vgl. Wilke 1984, S. 3), lässt sich der Ursprung wissenschaftlicher Betrachtungen auf das Jahr 1910 datieren, in dem Max Weber eine *Soziologie des Zeitungswesens* vorschlug (vgl. Requate 1995, S. 13-14; Wilke 1984, S. 4-5). Im Laufe der folgenden Jahrzehnte wurde diese Thematik jedoch nur selten von einem wissenschaftlichen Standpunkt aus betrachtet; vielmehr rückten rein historische Untersuchungen in das Zentrum des Interesses. Aufgrund dieser Unbeständigkeit ist die originäre Publizistikwissenschaft bis heute „in auffälliger Weise durch Fehlschläge, Diskontinuität und Inkonsequenz bestimmt" (Wilke 1984, S. 1). Obwohl in der gegenwärtigen Kommunikationswissenschaft die historische Sichtweise immer mehr von empirischen Untersuchungen abgelöst wird, kann es sich als günstig erweisen, beide Standpunkte miteinander zu verknüpfen (vgl. ebd., S. 7-10). Für die gegenwärtige Betrachtung existiert eine unüberschaubare Anzahl von Publikationen, die sich mit dem Einfluss der neuen Medien auf die Gesellschaft im Allgemeinen sowie auf den Journalismus im Speziellen befassen. Demgegenüber gibt es jedoch nur wenige Untersuchungen, die eine Verknüpfung zu den Anfängen des Journalismus herstellen und die Entwicklung der journalistischen Nachricht sowie den Einfluss von medientechnischen und gesellschaftlichen Veränderungen auf organisatorische Prozesse vergleichend umschreiben. Diese Arbeit soll nun den Kenntnisstand innerhalb dieses speziellen Bereichs erweitern.

Vorgehensweise

Wie bereits erwähnt, ist die moderne Kommunikationswissenschaft in aller Regel durch empirische Methoden geprägt – obwohl in der vorliegenden Arbeit gewisse Qualitäten von Journalismus miteinander verglichen werden, ist es aufgrund des knappen Zeitrahmens nicht möglich, eine empirische Studie anzulegen. Von daher wird das

Thema von einer kommunikationshistorisch-vergleichender Sichtweise aus bearbeitet. Für einen effektiven Erkenntnisgewinn erscheint dabei eine hermeneutische Vorgehensweise sinnvoll. In diesem Kontext sollen jedoch keine expliziten Theoriebezüge hergestellt werden, um nicht in den Grenzen etwaiger Modelle zu verfallen und somit den Fokus auf die historische Sicht zu gewährleisten. Auch eine Wirkungs- oder Rezipientenanalyse kann und soll in dieser Arbeit nicht vorgenommen werden, sodass sich ausschließlich auf die Nachrichtenwahl und Nachrichtenproduktion im Kontext der technischen und gesellschaftlichen Umgebung konzentriert wird. Der historische Fixpunkt soll auf den Beginn des Zeitungsjournalismus gelegt werden, da das Medium „Zeitung" zu den relevantesten Auslösern für die Entstehung eines *professionell-journalistischen* Berufs gehörte. Die relevanten Merkmale dieses geschichtlichen Abschnitts, der sich um die Wende vom 18. zum 19. Jahrhundert abspielte, werden in Kontrast zum journalistischen Schaffensprozess des 21. Jahrhunderts gestellt. Die „neuen Medien" sind ihrerseits ein derart weites Feld, dass im Zuge der vorliegenden Arbeit nolens volens mit eingeschränktem Spielraum vorgegangen werden muss. Wie bereits erwähnt wird deshalb vordergründig auf den Einfluss des Internet als (all)gegenwärtig rezipierbare Kommunikationsplattform eingegangen. Nachdem zunächst historische und definitorische Grundlagen wie der Begriff der Nachricht oder die Entstehung des professionellen Journalismus in Mitteleuropa dargestellt werden, fokussiert sich diese Arbeit auf die Eigenschaften und Merkmale früher journalistischer Nachrichten und stellt ihre Veränderungen im Laufe der Zeit in Kontrast zu den Bedingungen und Einflüssen, denen die Schreiber gegenwärtig ausgesetzt sind. Besonders hinsichtlich der technischen und gesellschaftlichen Entwicklungen soll somit eine Grundlage für mögliche neue Betrachtungsweisen und Perspektivenerweiterungen der Materie geschaffen werden.

2. Begriffliche und geschichtliche Grundlagen

Um ein Verständnis über die Arbeitsweise von Journalisten zu bekommen, werden in diesem Abschnitt zunächst der Nachrichten- und Journalismusbegriff sowie die Hintergründe des gewählten Zeitrahmens thematisiert. Mit den gewonnenen Erkenntnissen soll im Anschluss daran ergründet werden, wie sich der Beruf der Journalisten zur Wende vom 18. zum 19. Jahrhundert herausgebildet hat.

2.1 Die Schlüsselbegriffe „Nachricht" und „Journalismus"

Der Begriff der Nachricht

Der Nachrichtenbegriff lässt sich auf einen detaillierten Bedeutungshintergrund zurückführen und ist noch nicht so alt wie die Nachricht selbst. Bereits um 1450, zeitgleich mit der Erfindung des Buchdrucks, kam es in Europa zur Zirkulation von Informationen in Form von Flugblättern, Flugschriften und „neuen Zeitungen" (vgl. Stöber 2005, S. 34-35). Diese Medien dienten zunächst größtenteils der Verbreitung religiöser, amtlicher, naturkundlicher oder literarischer Inhalte (vgl. Wilke 2008, S. 19). Eine Bedeutungszuschreibung dieser Informationen als „Nachricht" blieb jedoch aus. Erst im 17. Jahrhundert fand der Begriff eine Verwendung als „Anweisung" oder „Anordnung", bis er im Laufe des 19. Jahrhunderts einen Bedeutungsumschwung hin zu der gegenwärtig bekannten Interpretation der „Botschaft" oder „Neuigkeit" erfuhr (vgl. Frerichs 2000, S. 119-120). Da man zu dieser Zeit noch nicht glauben konnte, dass wirklich so viele berichtenswerte Ereignisse parallel ablaufen können, wurde fiktionales nur selten von non-fiktionalen getrennt. Eine Unterscheidung von „Information" und „Unterhaltung" existierte demzufolge noch nicht (vgl. Ruhrmann 2010, S. 95-96). Kurz nach der ersten Verwendung des Begriffs erlebten in der Mitte des 18. Jahrhunderts neu gegründete Vereine, Salons, Bibliotheken oder Lesegesellschaften einen regelrechten Aufschwung, der zum Ende des Jahrhunderts hin seine Blütezeit fand. In diesen neuartigen Lokalitäten und Gesellschaften wurden nicht nur aktiv Diskurse geführt und Geselligkeit gefördert, sondern auch „Neuigkeiten" ausgetauscht.

Diese interindividuelle Wahrnehmung von Ereignissen führte langsam aber sicher zu dem Bewusstsein eines Informationsaustauschs, der nicht nur auf privater sondern auch auf öffentlicher Ebene ausgetragen werden konnte. Ein *Ereignis* als solches ist jedoch bereits definitorisch schwierig zu umreißen. So gibt es keine „Ereignisse-ansich"; vielmehr müssen sie „erst durch einen Beobachter aus ihren zeitlichen und sachlichen Zusammenhang heraus abgegrenzt werden" (Frerichs 2000, S. 177). Alles, was auf der Welt geschieht, kann somit als ein Ereignis umschrieben werden, welches wiederum innerhalb seines Kontextes auf unterschiedliche Weise eingegrenzt oder ausgeweitet werden kann. Somit kann auch jedes Ereignis zu einer Nachricht verarbeitet werden. Gleichsam mit der Entstehung dieser neuartigen Diskurse wurde also auch auf die Selektion von Ereignissen eingegangen, indem man die Frage stellte, was eine Information zu einer Nachricht macht (vgl. Wilke 1984, S. 56-57). Das Problem der Nachrichtenwahl, das in den nächsten Jahrhunderten Mittelpunkt zahlreicher Untersuchungen sein sollte, tritt also beinahe gleichzeitig mit Entstehung des Begriffes selbst auf. Wichtig ist zunächst also festzuhalten, dass eine Nachrichtenvermittlung schon vor der Herausbildung des journalistischen Berufs und sogar der Nachrichtendefinition selbst stattfand.

Die Nachricht in der Kommunikationswissenschaft

Für eine Definition des Nachrichtenbegriffs erscheint es als sinnvoll, zuerst die Kernmerkmale der Informationsträger zu untersuchen, um davon ausgehend die Nachrichten selbst klassifizieren zu können und somit eine Grundlage für die weiterführende Argumentation zu erhalten. In der beschreibenden Kommunikationswissenschaft sind deshalb bestimmte Nachrichteneigenschaften aufgestellt worden, die bereits in frühen Zeitungen zu finden sind (vgl. etwa Dussel 2004, S. 1). Auf diese Weise können Nachrichten als solche nicht nur explizit definiert werden – überdies dient es dazu, die Zeitung als Informationsträger zu umschreiben und sie von ähnlichen Medien wie den Zeitschriften abzugrenzen (vgl. Blöbaum 1994, S. 128). Zunächst werden deshalb die universellen Eigenschaften von Zeitungen umrissen, die sich zum Großteil effizient auf deren beinhaltende Informationen – die Nachrichten selbst – übertragen lassen können (vgl. im Folgenden Groth 1998).

Die *Universalität* besagt, dass über alles berichtet werden kann. Im Gegensatz zu Fachzeitschriften, die sich zumeist auf bestimmte Themen fixiert haben, gilt in der Zeitung das Prinzip, dass kein Thema ausgeschlossen sein muss. Weiterhin sollte, abhängig von der Nachrichtentechnik, eine gewisse Nähe der Berichterstattung zum Ereignis existieren *(Aktualität)*. Diese Nähe wird nicht nur zeitlich, sondern auch räumlich definiert. „Je mehr Menschen [von einem Ereignis] betroffen sind, umso wichtiger ist die Nachricht." (Wilke 2009, S. 221) Weiterhin waren bereits frühe journalistische Erzeugnisse einer breiten Öffentlichkeit zugänglich *(Publizität)*. Kein Bürger sollte ausgeschlossen sein, Zugang zu bestimmten Informationen zu haben – eine Nachricht wird stets *publiziert*.[1] Alle diese Merkmale müssen zudem mit *real* geschehenden Ereignissen verknüpft sein; die Unwahrheit soll also ausgeschlossen werden. Allgemein gesprochen muss ein Ereignis also möglichst realitäts- und zeitnah für ein disperses Publikum zugänglich gemacht werden, damit es den Status einer Nachricht erhalten kann.

Diese Definition kann jedoch nicht die Frage beantworten, *unter welchen Umständen* eine Information in eine Nachricht transformiert wird; schließlich muss aus den Unmengen von Informationen eine gewisse Selektion vom Journalisten erfolgen. Um diesen Prozess der Nachrichtenwahl nachvollziehen zu können, befassen sich Forscher deshalb seit Beginn des 20. Jahrhunderts mit den verschiedenen Auswahlkriterien der Nachrichtenschreiber, indem sie den Informationsgehalt von Ereignissen untersuchten. Erstmals mit dem Thema befasste sich der US-amerikanische Journalist und Schriftsteller Walter Lippmann im Jahre 1922. Er arbeitete mehrere Faktoren heraus, die für diese Auswahl relevant sein könnten. Zu diesen zählen unter anderem *Bedeutsamkeit, räumliche Nähe, Konflikt* und *Überraschung* (vgl. Frerichs 2000, S. 130). Mit seinen Ergebnissen prägte er den Begriff des *Nachrichtenwerts* („news value"),[2] der sich aus der Gesamtheit aller Nachrichtenfaktoren eines Ereignisses zusammensetzt. Je höher dieser Wert ist, desto größer ist gleichsam die Wahrscheinlichkeit, dass intensiv über ein bestimmtes Ereignis berichtet wird. Fortan war es möglich, anhand eines theoretischen Modells zu erklären, welche möglichen Ereignismerkmale Journalisten dazu bewegen können, ein Ereignis zu einer Nachricht werden zu lassen. Unter dem Namen *Nachrichtenwertforschung* etablierte sich diese Disziplin Mitte der 1960er Jahre in Europa und wurde von Johan Galtung und Mari Holmboe Ruge sowie Einar Östgaard weitergeführt. Ihre Studie mit der Kernfrage *„How do ‚events' become ‚news'?"* übt bis heute einen großen Einfluss auf die Forschung aus. Galtung und Ruge stellten eine umfangreiche Liste von zwölf, teils untergliederten, möglichen Nachrichtenfaktoren heraus, die im Verlauf der Jahre immer wieder ergänzt

---

[1] Der Vollständigkeit halber ist zu erwähnen, dass Groth als vierte Zeitungseigenschaft die *Periodizität* aufzählt. Demnach werden Zeitungen zusätzlich dadurch definiert, dass sie in einer bestimmten Regelmäßigkeit erscheinen. Die Periodizität kann jedoch nicht a priori auf die Nachricht selbst angewandt werden; um überhaupt rezipierbar zu werden, muss sie stets an einen Träger gekoppelt werden, der sich in diesem Zusammenhang in der Zeitung manifestiert.

[2] Wichtig ist hierbei anzumerken, dass sich bereits zum Ende des 18. Jahrhunderts ein Vorläufer dieser Theorie herausgebildet hat. Joachim von Schwarzkopf unterschied 1795 in seiner Schrift „Über Zeitungen" in Nachrichtenfaktor und Nachrichtenwert und entwickelte somit ein Konzept, dass erst über 100 Jahre später wieder aufgegriffen wurde (vgl. Ruhrmann 2010, S. 105).

wurde (vgl. Wilke 1984, S. 18-20). In Deutschland wurden Nachrichtenwerte auf einer breiten empirischen Ebene erstmals 1976 vom Kommunikationswissenschaftler Winfried Schulz überprüft und erweitert. Schulz entwarf 18 verschiedene Nachrichtenfaktoren, die er in sechs verschiedene Dimensionen einordnete (vgl. ebd., S. 26-27; Frerichs 2000, S. 131-132). Im Gegensatz zu seinen Vorgängern rückte er jedoch den Menschen selbst in den Fokus. Seiner Ansicht zufolge entscheide allein der Journalist mittels unbewussten Mechanismen, welche Ereignisse berichtenswert sind und welche nicht. Die Ereignisfaktoren per se seien vorrangig weniger relevant, vielmehr stünde der Mensch im Mittelpunkt der Betrachtung (vgl. Kepplinger 2011, S. 61-62). Auch das Finalmodell von Joachim Friedrich Staab (1990) stützte sich auf die Ausführungen von Schulz. Staab stellte im Zuge seiner Untersuchungen fest, dass die Nachrichtenschreiber zunächst das Ereignis nach ihren individuellen Richtlinien auswählen und dies im Nachhinein mit selbst gewählten Nachrichtenfaktoren legitimieren (vgl. Ruhrmann und Göbbel 2007, S. 8).

Hiermit wird deutlich, dass zwar klar umrissen werden kann, was eine Nachricht an sich ausmacht; jedoch existieren unterschiedliche Betrachtungsweisen über ihre Entstehung und Qualitäten. Hauptkritikpunkt an diesem Konzept ist demnach die nicht existente Rangfolge und Wertigkeit von zugeschriebenen Nachrichtenfaktoren (vgl. Frerichs 2000, S. 135). Weiterhin herrscht kein Konsens über deren Anzahl oder eine etwaige thematische Unterteilung. Ein objektiver Maßstab kann somit nicht gesichert werden (vgl. Frerichs 2000, S. 135). Demzufolge ist als Zwischenfazit zu ziehen, dass „[d]ie Auswahl und Gewichtung von Nachrichten [...] trotz aller Objektivitätsnormen letztlich davon abhängig [ist], welche beruflichen und persönlichen Besonderheiten die jeweiligen Journalisten haben" (Frerichs 2000, S. 176). Gerade weil sich Nachrichtenfaktoren jedoch in einem stetigen Wandel befinden und es somit niemals eine vollständige Faktorenliste geben kann, ist die Nachrichtenwertforschung noch immer von hoher Relevanz. Nicht zuletzt erlaubt die Nachrichtenwerttheorie einen gewissen Definitionsrahmen für die Umschreibung journalistischer Erzeugnisse.

Entstehung des Journalismus[3]

Die Definition des Journalistenberufs gestaltet sich bei näherer Betrachtung als komplex und undurchsichtig. Wurde bereits im 19. Jahrhundert festgestellt, dass der Beruf des Journalisten nicht eindeutig definiert werden kann, ist es auch heute noch schwierig, ein klares Sozialprofil zu erstellen (vgl. Requate 1995, S. 131-132). Jedoch ist eine Definition für die Wissenschaft (etwa für die Erstellung von Samples) eine unabdingbare Notwendigkeit.

Dass Journalismus ein sehr dehnbarer Begriff ist, wird in der historischen Betrachtung klar. Bereits Urvölker verfügten über Methoden der Mitteilungsübertragung; so setzten etwa die alten Griechen Leuchtfeuer zur Informationsvermittlung ein (vgl. Wilke 2008, S. 9). Streng genommen liegen die Wurzeln des modernen Journalismus bereits in derlei Methoden. Diese Art der Kommunikation ist jedoch von einer hohen raumzeitlichen Begrenztheit gekennzeichnet. Auch im 15. Jahrhundert, noch vor der Erfindung der Druckerpresse, wurden umherziehende Spielmänner als „wandernde Journalisten" bezeichnet, da sie Lieder sangen, deren Inhalt alle eingangs beschriebenen Merkmale von Nachrichten enthalten konnten (vgl. Wilke 2009, S. 372). Selbst während der Etablierung des Buchdrucks konnte man noch nicht von „Journalisten" in dem Sinne, wie man sie heute kennt, sprechen. Vielmehr waren die Drucker der Presswerke auf Post von Korrespondenten angewiesen, was dieser Form von Nachrichtenvermittlung die Umschreibung des *korrespondierenden Journalismus* einbrachte (vgl. ebd.). Der Nachrichtenvermittler dieser Zeit war „in der Regel um nüchterne Information und Faktenschilderung bemüht [...]. Er wollte im Prinzip nicht mehr sein als ein neutraler Chronist des Zeitgeschehens" (ebd., S. 373).

Die ersten Zeitungen erschienen erst zu Beginn des 17. Jahrhunderts, ungefähr 150 Jahre nach der Erfindung des Buchdrucks, zunächst noch in geringem Umfang von vier oder acht Seiten (vgl. Wilke 1984, S. 38). Da diese Medien nicht nur Meldungen mit den eingangs aufgezählten charakteristischen Nachrichteneigenschaften enthielten, sondern zusätzlich durch das Merkmal der Publizität bestimmt waren, kann hier erstmals von genuinen journalistischen Erzeugnissen gesprochen werden. Nicht zuletzt wird das *Journal*, von dem sich der Begriff des Journalismus ableitet, auch als Syno-

---

[3] In diesem Abschnitt soll zunächst auf die Ursprünge des Berufs und frühjournalistische Arbeiten eingegangen werden. Eine Umschreibung des Berufsprofils im Rahmen des gewählten Zeitraumes erfolgt im Abschnitt 2.3. Weiterhin ist es im Kontext dieser Arbeit nicht möglich, detailliert auf die frühe Geschichte der Nachrichtenübertragung einzugehen, sodass in diesem Zusammenhang auf weiterführende Literatur von Mitchell Stephens (2007, S. 16-31) verwiesen wird.

nym für die Zeitung verstanden (vgl. Requate 1995, S. 132). Da der Zeitungsjournalismus also erst weit nach dem Beginn des Buchdrucks entstanden ist, kann es also als Fehlschluss angesehen werden, dass sich beide Elemente zeitgleich etabliert haben. Vielmehr handelt es sich um ein Potential, das sich 1450 neu herausgebildet hat und erst viel später ausgeschöpft wurde.

Die eben geschilderten Ausführungen bezüglich des Nachrichten- sowie Journalismusbegriffs sind ein Beleg für die Schwierigkeit, einheitliche Begriffsbestimmungen zu finden und die Ursprünge journalistischer Tätigkeiten tatsächlich zu datieren. Eine einwandfreie Definition journalistischer Botschaften fällt auch gegenwärtig schwer. Bevor dieses Thema jedoch beleuchtet wird, soll zunächst die Entwicklung des Journalismus im Europa des aufkommenden 19. Jahrhunderts als Grundlage für die gegenwärtige Verortung des Berufsstandes in den Fokus genommen werden.

2.2 Hintergründe des gewählten Zeitrahmens

Im Zuge der gegenwärtigen Debatten über eine Verortung des Journalismus erscheint eine historische Sicht nicht nur als hilfreich sondern auch als nötig: „Eine unhistorische Sicht führt nicht selten zu Verzerrungen und falschen Verabsolutierungen, zu Perspektivlosigkeit und Horizontverengung." (Wilke 1984, S. 9) Von daher sollen kurz die geschichtlichen Rahmenbedingungen zusammengefasst werden, mit denen sich die vorliegende Arbeit befasst.

Gesellschaftlicher Hintergrund

Die Französische Revolution hat 1789 in ganz Europa für einen einschneidenden gesellschaftlichen Wandel gesorgt: So bildete sich zum Ende des 18. Jahrhundert ein neues bürgerliches Bewusstsein heraus, dass sich vom bis dahin herrschenden Absolutismus immer mehr abspaltete. Diese neuen, freiheitlich geprägten Denkweisen spiegelten sich in einem starken Bedürfnis nach Wissenserweiterung wider, was sich auf geistiger und auf materieller Ebene deutlich bemerkbar machte und den Grundstein für die Industrialisierung legte. Parallel dazu war ein enormes Bevölkerungswachstum zu verzeichnen, das für die Entstehung vieler Großstädte sorgte. Ferner entwickelte sich die Schulpflicht zu einer Selbstverständlichkeit, was eine steigende Alphabetisierungsrate mit sich brachte (vgl. Wilke 2008, S. 156). Folglich stieg die Nachfrage nach Büchern im Laufe der Zeit stetig an und „[d]as Leseinteresse verlagerte sich zunehmend von religiösen hin zu weltlichen Titeln" (Telesko 2010,

S. 228). Mit neuen Lexika und Enzyklopädien wurden ideale Plattformen für Wissens-speicherung und -vermittlung entworfen und zur Verfügung gestellt (vgl. ebd., S. 221). Auch eine Politisierung breiter Bevölkerungsschichten war nicht von der Hand zu weisen.

Der Kampfbegriff dieser Zeit war also ganz klar jener der „Bildung". Sie wurde als höchstes Gut angesehen und bot einen optimalen Nährboden für die Verbreitung der Massenmedien (vgl. Wilke 2010, S. 51). Das Bedürfnis nach neuen Erkenntnissen konnte durch „Massenblätter" befriedigt werden, was in der Entstehung eines Massen-publikums – oder einer Massen*öffentlichkeit* – resultierte (vgl. Telesko 2010, S. 230-233). Diese neue Massenöffentlichkeit ist als Summe verschiedener bürgerlicher Teilöffentlichkeiten zu begreifen[4] und löste sich vom klassischen Konzept einer absolutistischen Öffentlichkeit. Nunmehr konnten Diskurse für jeden Einzelnen zugäng-lich geführt werden, ohne dass dieser Prozess im Voraus der Kontrolle des Staates unterlag. Mit dieser Entwicklung ging auch die Herausbildung des Pressewesens und des Journalismus einher (vgl. Requate 1995, S. 117). Die journalistischen Erzeugnisse waren „Instrumente und Ausdruck der Emanzipation des Bürgertums [und] der Abgren-zung der Bürger von der herrschenden Adelsklasse" (Faulstich 2006, S. 19). Eine gewisse „identifikatorische Funktion" der Medien (ebd.) war somit deutlich wahrnehm-bar.

Das Medien- und Gesellschaftssystem übten nunmehr einen wechselseitigen Einfluss aufeinander aus: Die neue bürgerliche Identität formte sich als Resultat der gewan-delten Medienkultur, wohingegen letztere wiederum von den Bürgern ausging, die einen kontinuierlichen Wissensanstieg anstrebten. Im Zuge dieser Wechselwirkungen kann von einer *Leserevolution* oder *Kommunikationsrevolution* gesprochen werden (vgl. Telesko 2010, S. 228-229 und S. 232). Jürgen Wilke (2008, S. 154) spricht in diesem Zusammenhang gar von einer *Entfesselung der Massenkommunikation*, die wesentlich mit der Entstehung der Presse sowie dem Zugang zu neuem Wissen zusammenhängt.

---

[4] Jürgen Habermas behandelte diesen gesellschaftlichen Umschwung in seinem Werk „Strukturwandel der Öffentlichkeit", das Mitte des 20. Jahrhunderts einen Grundstein für die kommunikationswissenschaftliche Öffentlichkeitsforschung legte. Allerdings legen neuere Erkenntnisse nahe, dass es sich vielmehr um einen Strukturwandel *des Öffentlichen* handelt, da *die Öffentlichkeit* nicht als einzelne Sphäre existiert (vgl. Faulstich 2006, S. 16-17).

Technologischer Hintergrund

Wie bereits herausgestellt wurde, war der Guttenbergsche Buchdruck 1450 noch kein direkter Auslöser für eine Entstehung journalistischer Erzeugnisse. Die damaligen technischen Gegebenheiten wurden eher sporadisch ausgenutzt, sodass die Entwicklung des Pressewesens über einen längeren Zeitraum stagnierte. Das „bestehende Druckverfahren war Mitte des 15. Jahrhunderts vollendet und sollte für 350 Jahre, von gewissen, rein materiellen Verbesserungen abgesehen, im Prinzip gleich bleiben" (Wilke 2008, S. 13). Erst im Zuge des gesellschaftlichen Sinneswandels entstanden auch neue Verbesserungen der Presswerke. Demgemäß war die Erfindung neuer Drucktechnologien zu Beginn des 19. Jahrhunderts ein wesentlicher Bestandteil für den Erfolg massenkompatibler Publikationen (vgl. Stöber 2005, S. 118-131). So konnte die 1811 erfundene Schnellpresse das Fünffache der Arbeit von herkömmlichen Pressen erreichen. Auf diese Weise stieg die Druck- und Formatkapazität erheblich an, sodass die Bedürfnisse des Publikums effektiver befriedigt werden konnten. Die Zeitungsauflagezahlen, die bereits im Laufe des 18. Jahrhunderts rapide stiegen (vgl. Wilke 2008, S. 79), erhöhten sich in den Jahrzehnten darauf noch um einiges mehr. Spätestens mit Blick auf die technologischen Begebenheiten dieser Zeit wird deutlich, dass durchaus von einer Kommunikationsrevolution oder -entfesselung gesprochen werden kann, da die Kommunikation dieser Zeit sich durch alle Teile der Gesellschaft vollziehen konnte. Die Medienrealität näherte sich also seit der Wende vom 18. zum 19. Jahrhundert immer mehr der Ereignisrealität an (vgl. Wilke 1984, S. 21), was im besonderen Maße auf die Artefakte der Industrialisierung zurückzuführen ist. Gedruckte Medien bedingten diese Entwicklung jedoch nicht alleine: Auch die Telegrafie trug einen maßgeblichen Anteil dazu bei, da sie zum Ende des 18. Jahrhunderts den Beginn der Telekommunikation durch immaterielle Informationsvermittlung einläutete. So ermöglichte der Telegraf eine Informationsübertragung über Kontinente hinweg binnen weniger Minuten, was den Nachrichtenfluss erheblich beschleunigte (vgl. Wilke 2008, S. 161).

Anhand der Ausführungen ist zu erkennen, dass die Zeit der Wende vom 18. zum 19. Jahrhundert eine fruchtbare Grundlage für die Entstehung eines professionellen Journalismus darstellt. Wie dieser sich konkret entwickelt hat, wird im nächsten Abschnitt beschrieben.

2.3 DER BEGINN JOURNALISTISCHER NACHRICHTENPRODUKTION

Berufsprofil der Journalisten zur Wende des 18./19. Jahrhunderts

Eine wahrnehmbare Professionalisierung ging mit dem Übergang vom korrespondierenden zum redaktionellen Journalismus einher, der sich bereits gegen Ende des 18. Jahrhunderts bemerkbar machte (vgl. Requate 1995, S. 120). Zur Jahrhundertwende bildeten sich eigenständige, politisch motivierte Schreiber mit einem klaren Selbstverständnis heraus, die sich in vielen Fällen verpflichtet sahen, Bericht zu erstatten. Ursprünglich als freie Schriftsteller tätig, nahmen sie den Ruf nach Selbstständigkeit wahr, um fortan aufklärerisches Gedankengut zu publizieren (vgl. Wilke 2009, S. 373). Diese neue Form des Nachrichtenjournalismus überwand nunmehr die Grenzen der ausgedienten absolutistischen Obrigkeitskontrolle. Generell „lässt sich [also] zeigen, dass die Initialzündung des Nachrichtenjournalismus vor allem von gesellschaftlichrelevanten Fragen ausgeht" (Ruhrmann 2010, S. 93).

Um 1800 wurde der Beruf des journalistischen Schreibers von überdurchschnittlich vielen Akademikern ausgeübt, was sich im Laufe der folgenden Jahrzehnte nicht signifikant änderte. So wurden Journalisten noch bis in die 1880er Jahre mit „Herr Doktor" angeredet (vgl. Requate 1995, S. 145). Dennoch war der Berufsstand zunächst noch amateurhaft geprägt und professionalisierte sich in seiner Arbeitsweise nur allmählich. Dies liegt unter anderem daran, dass journalistische Tätigkeiten noch nicht hauptberuflich ausgeübt wurden (vgl. Wilke 2008, S. 292). Vielmehr hatten sich die bereits erwähnten freien Schriftsteller der Sache aus ideologischen Gründen angenommen. Zudem bildete sich aufgrund des vorherrschenden Territorialismus eine große regionale Pressevielfalt heraus, was dafür sorgte, dass Nachrichtenredaktionen aufgrund der damit einhergehenden kleingewerblichen Erscheinung finanziell spärlich ausgestattet waren (vgl. Wilke 2010, S. 50). Demnach gehörten die frühen Journalisten zu den schlechteren Verdienern, obwohl sie augenscheinlich bedeutsame Kommunikationsleistungen für die Gesellschaft erbringen konnten. „Mit Schriftstellerei für Zeitungen [...] allein den Lebensunterhalt zu verdienen war [...] schwierig. Um 1800 mögen es kaum mehr als 100 Männer gewesen sein, denen dies gelang." (Dussel 2004, S. 92) Eine nennenswerte Anzahl hauptberuflicher Journalisten hat sich erst im Kaiserreich des späten 19. Jahrhunderts herausgebildet, obwohl das Medium Zeitung zu diesem Zeitpunkt schon über 200 Jahre lang präsent war (vgl. ebd., S. 90). So existierten im deutschen Reich gegen Ende des 19. Jahrhunderts – gut 100 Jahre nach der Erfindung der Schnellpresse – gerade einmal 2000 hauptberufliche Journalisten (vgl. ebd., S. 92).

Es zeigt sich, dass journalistische Erzeugnisse um 1800 von der Kaufkraft der Rezipientenschaft abhängig waren, sodass sie durch Werbung finanziert werden mussten, um fortzubestehen (vgl. Böhn und Seidler 2008, S. 63). Normative Betrachtungen wie das 1784 entstandene *Ideal einer vollkommenen Zeitung* waren zwar vorhanden; jedoch erzielten sie kaum Veränderungen und spielten somit untergeordnete Rollen (vgl. Requate 1995, S. 121). Die ökonomischen Einflüsse verschärften sich im Laufe des Jahrhunderts zunehmend und lassen sich auch auf die damalige Nachrichtenauswahl übertragen. „Man kann [...] davon ausgehen, daß sich seit der Mitte des 19. Jahrhunderts eine weniger durch obrigkeitliche Kontrolle und mehr an den Ansprüchen eines breiten Publikums orientierte Nachrichtenselektion durchgesetzt hat." (Wilke 1984, S. 235) Demgemäß wird deutlich, dass es ein grundsätzliches „Prinzip der journalistischen Arbeit [ist], ihr Publikum zu erweitern" (ebd.). Eine Kommerzialisierung durch ökonomische Abhängigkeiten ist in diesem Zusammenhang nicht von der Hand zu weisen; „Von Anfang an war dieses potentielle Massenmedium also wirtschaftlich geprägt" (Birkner 2010, S. 44).

In den folgenden Jahrzehnten verdichteten sich die Konturen des Berufsstandes zunehmend. Die seit 1864 ausgerufenen deutschen Journalistentage sowie der Verband deutscher Journalisten, der wenige Jahrzehnte später gegründet wurde, sorgten für ein modernisiertes Selbstverständnis (vgl. Faulstich 2006, S. 69). Das Reichspressegesetz, welches in der zweiten Hälfte des Jahrhunderts ausgerufen wurde, liberalisierte das Pressewesen schließlich vehement. Es setzte die 27 bis dahin gültigen Landespressegesetze außer Kraft und schuf somit eine einheitliche Rechtsgrundlage, der fortan alle journalistischen Erzeugnisse unterlagen (vgl. Wilke 2008, S. 252-253). Für die Presse war dies ein historischer Moment, da dessen Freiheit nunmehr gesetzlich garantiert wurde. Die Erstellung von Nachrichtenerzeugnissen ist seitdem jedoch auch an bestimmte Bedingungen wie die Impressums- oder die Berichtigungspflicht geknüpft (vgl. ebd.). Als Folge dieser bahnbrechenden politischen Entscheidung war eine sprunghafte Expansion des Pressewesens wahrzunehmen. Die Schreiber grenzten sich von den Druckern, Korrespondenten, Setzern oder ähnlichen Berufen ab und es bildeten sich interne Hierarchien heraus (vgl. Faulstich 2006, S. 68-69). Zahlreiche neu gegründete Nachrichten- und Presseagenturen konnten Journalisten dabei zuverlässig, schnell und effizient mit Informationen versorgen. Die so entstandene, redaktionelle Form des Journalismus ist auch in der Gegenwart noch als „Informationsjournalismus" geläufig (vgl. Frerichs 2000, S. 176).

Wie bereits angemerkt, gab es bereits lange vor der Professionalisierung des Berufs-feldes „Journalismus" die ersten Zeitungen. Inhaltlich nahmen sie im Laufe der Zeit jedoch immer klarere Konturen an. So bestanden die Aufgaben der Zeitung zunächst „erstens und vor allem [in] dem politischen und alltagsbezogenen Informieren, zweitens dem interessengebundenen Werben und drittens dem Meinungsbilden: als ein Forum der bürgerlichen Willensbildung" (Faulstich 2006, S. 22). Der Faktor des Politischen wurde im Zuge der Aufklärung immer prägnanter. Während frühjournalistische Erzeug-nisse zunächst noch größtenteils von absolutistischen Obrigkeiten zensiert worden waren, wurden im Laufe der Zeit Stimmen laut, die nach eigenen Richtlinien forderten: „Die deutsche Pressegeschichte kreist in der ersten Hälfte des 19. Jahrhunderts um ein zentrales Thema: den Kampf gegen die Zensur." (Dussel 2004, S. 23) Die an-schließende Liberalisierung ging parallel zur Professionalisierung des Journalismus zwar eher träge voran, jedoch ist dieser Zeitraum von entscheidendem Einfluss für die deutsche Pressegeschichte: Da die Zeitungen auch inhaltlich immer mehr ausdifferen-ziert wurden, etwa durch thematische Schwerpunktsetzungen, zunehmender Bebilde-rung und unterschiedlich große Überschriften (vgl. Faulstich 2006, S. 66), entwickelte sie sich zum Ende des Jahrhunderts zu einem „stände-, schichten-, gruppen- und teilöffentlichkeitsübergreifendem Medium" (ebd., S. 23). Dies wirkte sich auch auf die Quantität der Erzeugnisse aus: „Publizistischer Lesestoff wurde in einem Umfang verfügbar wie nie zuvor" (Wilke 2008, S. 286), was nicht zuletzt durch die technologi-schen Umstände weiter begünstigt wurde.

Wie man anhand dieses Abschnittes unschwer erkennen kann, ist der Journalismus ganz klar ein Produkt seiner Zeit. Er bildete sich im Zuge der Politisierung und Mediali-sierung der Öffentlichkeit heraus und entwickelte sich zu einem medienübergreifenden System mit zunehmend schärferem Berufsprofil, obgleich er um die Jahrhundertwende technisch und wirtschaftlich noch vorindustrielle Züge zeigte (vgl. Wilke 2010, S. 50). Der bürgerliche Wertewandel hin zu einer Gegenkultur des Absolutismus manifestierte sich dabei auch im Inhalt der Medienprodukte, obwohl ökonomische Zwänge die Arbeit der Journalisten beeinflussten.

3. MODERNE JOURNALISTISCHE NACHRICHTENPRODUKTION

Der Technikboom der industriellen Revolution war in vielen Bereichen des Lebens zu spüren und löste auch im Mediensystem immer abruptere Veränderungen aus (vgl. Faulstich 2006, S. 60-61). So wurde das Medium „Zeitung" im Laufe der Zeit nicht nur stetig erweitert und modifiziert, sondern auch zunehmend um elektronische Informationsträger ergänzt. Um dieser Komplexität gerecht zu werden, bildeten sich im Rahmen der redaktionellen Systeme immanente Hierarchien und Richtlinien heraus.

In diesem Kapitel soll zunächst das gegenwärtige Mediensystem und sein Einfluss auf den journalistischen Schaffensprozess umschrieben werden. Nachdem im Anschluss daran ein aktuelles Berufsprofil gezeichnet wird, soll schließlich diskutiert werden, welche Parallelen in derzeitigen Erscheinungen und Veränderungen zum bereits gezeichneten Umriss des 19. Jahrhunderts gezogen werden können. Auf dieser Grundlage können mögliche Trends aufgedeckt sowie Vorhersagen oder Vermutungen hinsichtlich der Zukunft journalistischer Arbeit aufgestellt werden.

3.1 DIE ENTWICKLUNG DES INTERNET

Im Laufe der letzten 200 Jahre haben sich viele für die Massenkommunikation relevante Medien, wie der Fernseher oder das Radio, herausgebildet. Der Schwerpunkt dieser Arbeit soll jedoch auf das Mediensystem des 21. Jahrhunderts gelegt werden, innerhalb dessen sich das Internet innerhalb kürzester Zeit zu einem ubiquitären Element des täglichen Lebens herausgebildet hat. Es ist nicht nur zu einer wichtigen Plattform für den Bezug von Informationen und Unterhaltung geworden, sondern bietet gleichsam Möglichkeiten für interpersonale und intergruppale Kommunikationsformen. Sowohl in seiner Geschwindigkeit als auch im Bezug auf die Mobilitätsentwicklung ist es den klassischen Medien weit voraus: War es in seinen Anfangstagen lediglich für einige wenige Universitätsmitarbeiter in den USA möglich, das Internet zu benutzen, werden der gegenwärtigen Benutzung nur sehr geringe Zugangsbarrieren vorgesetzt. Geografische Differenzen erhalten durch die fortschreitende Digitalisierung kaum noch Relevanz. Der Abruf von Informationen ist somit nicht mehr räumlich begrenzt, sodass die Welt zunehmend zu einem „globalen Dorf" wird.[5] Auch die zeitliche Dimension spielt nur noch eine untergeordnete Rolle. So ist es möglich, Daten und Texte online dauerhaft zu speichern und diese unabhängig vom Informationsträger zur Verfügung zu stellen. Ein Wesensmerkmal des Internet ist deshalb die Möglichkeit einer gleichzeitigen Partizipation aller Benutzer. Die Allgegenwart der mobilen Nutzungsweisen, etwa durch Smartphones oder Laptops, begünstigt diese Umstände umso mehr. Zudem lassen sich die „traditionellen" Medien in das Internet integrieren.

Im Zuge dieser Entwicklungen wird das Internet immer weniger als klassisches Massenmedium[6] wie der Fernseher angesehen, da es „verschiedenste Formen von Individual-, Gruppen- oder Massenkommunikation ermöglicht" (Quandt 2004, S. 457). Aufgrund dieser Komplexität existieren zahlreiche, teils widersprüchliche, Definitionsmöglichkeiten, die in einem „fast babylonischen Bezeichnungs-Wirrwarr" (ebd., S. 455) gipfeln. Selbst inhärent hat das Internet zu Beginn des neuen Jahrtausends einen Bedeutungs- und Funktionswandel erfahren. So kann man von einem Wandel vom „Web 1.0" zum „Web 2.0" sprechen, der sich in einer verändernden Nutzungsweise des Users ausdrücken lässt. Während im Web 1.0 noch Abgrenzung gegenüber der Umwelt und Zentralität des Einzelnen sowie feste Hierarchien zwischen Sendern und Empfängern vorherrschten, ist das Web 2.0 durch Dezentralität, Partizipation, Gleichheit und Vernetzung seiner Benutzer gekennzeichnet (vgl. Neuberger et al. 2010, S. 12). Ähnlich wie Quandt spricht in diesem Zusammenhang auch Cardoso (2011) von einer Fusion aus Massen- und Individualkommunikation, die in einer neuartigen Form von vernetzter Kommunikation resultiert: „This communicational model is […] connecting audiences, broadcasters and publishers under one networked media matrix" (Cardoso 2011, S. 118).

Es ist deshalb nicht verwunderlich, dass dem Web 2.0 ein „Mitmachcharakter" zugeschrieben wird; der User selbst steht in der vernetzten Welt im Zentrum, indem er mittels verschiedensten Angeboten mit anderen Usern kommunizieren und interagieren kann. Eine große Rolle spielt darum *User Generated Content*, also Inhalte, die direkt von den Rezipienten erstellt, verbreitet und gepflegt werden. So haben die Benutzer

---

[5] Die Bezeichnung des globalen Dorfes („Global Village") findet ihren Ursprung in dem gleichnamigen Buch von Marshall McLuhan, welches in den 60er Jahren erstmals veröffentlicht wurde. In diesem Werk thematisierte der Kommunikationstheoretiker die technische Vernetzung der Menschheit zu einem einzelnen Dorf, in welchem die individuelle Identität nur noch eine untergeordnete Rolle spielt.

[6] Frei nach Wilke (2009, S. 14) werden „Massenmedien" in dieser Arbeit als Medien verstanden, die eine Übertragung von Mitteilungen an ein verstreutes Publikum ermöglichen.

beispielsweise die Möglichkeit, in Online-Blogs oder über Microblogging-Angebote wie Twitter, Informationen an ein disperses Publikum zu versenden. Diese Inhalte werden ausschließlich durch seine Anwender kontrolliert und redigiert. Für die Nutzung dieser Angebote sind dabei nur wenige Grenzen gesetzt: Ein jeder kann sie (noch) kostenlos benutzen, sofern er beim jeweiligen Service angemeldet ist. Auch ganzen Gruppen von Usern wird die Möglichkeit der Informationsverbreitung geboten. Die Webseite Wikipedia etwa ist ein anschauliches Beispiel für eine Online-Enzyklopädie, die im Laufe der Jahre an immer mehr Bedeutung gewonnen hat und sich durch etliche freiwillige Schreiber weitestgehend autark organisiert. Welche Auswirkungen die Errungenschaften des Internet auf den journalistischen Schaffensprozess in Theorie und Praxis haben können, und welche Gemeinsamkeiten und Unterschiede sich zur Arbeit der Journalisten zur Wende vom 18. zum 19. Jahrhundert herauskristallisieren, wird in den folgenden Abschnitten diskutiert.

3.2 DIE NACHRICHT IM MODERNEN JOURNALISMUS

In der Nachrichtenproduktion spielen normative Richtlinien gegenwärtig eine bedeutend höhere Rolle als vor 200 Jahren. Noch immer zeichnen sich Nachrichten durch die in Abschnitt 2.1 beschriebenen Eigenschaften aus; mit der Professionalisierung des Journalismus haben sich jedoch formale und inhaltliche Gebote herausgebildet, die unabhängig von politischen Gegebenheiten oder technischen Voraussetzungen existieren. Diese Richtlinien sind zwar systemimmanent und unterscheiden sich nur marginal innerhalb verschiedener Redaktionen, üben jedoch einen wesentlichen Einfluss auf die Arbeit der Journalisten aus (vgl. Ruhrmann und Göbbel 2007, S. 57-59) und müssen sich in den resultierenden Nachrichten ausdrücken, damit ein professioneller Journalismus vom Rezipienten auch als solcher zu erkennen ist (vgl. Karlsson 2011, S. 280-281). Sie können auf vielerlei Weisen vermittelt werden, sei es durch allgemein zugängliche Praxishandbücher, redaktionsinterne Merkfibeln oder einem Studium der Journalistik.

Grundsätzlich sollen in einer Nachricht stets verschiedene W-Fragen beantwortet werden. Die genaue Anzahl variiert, befindet sich aber in einem Spektrum von vier („Wer?", „Was?", „Wann?", „Wo?") bis neun W-Fragen (vgl. Wilke 2009, S. 222). Die wichtigste Frage, die zuerst beantwortet werden sollte, ist das „Was?", deren Antwort Wilke (2009, S. 225) als „die Urform der Nachricht" bezeichnet. Bereits im Inhalt sehr früher Nachrichtenmeldungen wird deutlich, dass zumindest diese Frage schon immer beantwortet werden konnte - schließlich geht es um die Schilderung eines bestimmten Ereignisses (vgl. ebd., S. 225). Gegenwärtig werden im optimalen Fall bereits innerhalb des ersten Satzes alle wichtigen W-Fragen beantwortet. Dies ist „nicht nur eine Rationalisierung der Presseökonomie, sondern der Logik des modernen Journalismus inhärent, auch weil es eine Anpassung an veränderte Lesegewohnheiten im Zuge der Urbanisierung darstellt" (Birkner 2010, S. 48). In diesem Zusammenhang ist das Konzept der *Inverted Pyramid* erwähnenswert: Es beschreibt, dass eine journalistische Botschaft die wichtigsten Informationen am Anfang berücksichtigt und im weiteren Verlaufe eher Hintergrundinformationen mitgeteilt werden (vgl. Birkner 2010, S. 48). Frei nach diesem Schema kann der Inhalt durch Fragen wie „Warum?" oder etwa „Woher?" ergänzt werden (vgl. Wilke 2009, S. 224; Schneider und Raue 2009, S. 73). Dies bringt der Nachricht zusätzliche Hintergrundinformationen ein und macht sie damit substantieller.

Dass sich die Medienrealität der wirklichen Realität immer mehr annähert, wird spätestens hinsichtlich der bereits geschilderten Entwicklung des Internet klar. Folglich ist erkennbar, dass sich auch die Nachrichtenproduktion drastisch verändern musste, um sich diesen Gegebenheiten anzupassen. Aktuelle Nachrichten müssen nun nicht mehr zwangsläufig periodisch erscheinen, sondern können permanent veröffentlicht werden. In diesem Kontext scheint die *Aktualität* mittlerweile zur bedeutendsten Eigenschaft der Nachricht zu gehören. Gegenwärtig sind Nachrichtenproduzenten an einem Punkt angekommen, an dem es nur noch schwerlich möglich ist, Informationen noch aktueller zu publizieren; in diesem Zusammenhang kann man von einer totalen Aktualität sprechen. Auch Niklas Luhmann (2009, S. 40) bemerkte im Rahmen seiner Betrachtungen, dass „[d]ie gesellschaftliche Beobachtung der Ereignisse […] sich nun nahezu gleichzeitig mit den Ereignissen selbst" ereignet. Verstärkt greifen Journalisten deshalb auf das Internet zurück, um dessen Informationsvorsprung auszunutzen; ein Trend in Richtung des Publizierens via internetbasierter Medien ist deshalb immer stärker wahrzunehmen (vgl. Oriella PR Network 2011, S. 3-4). Die Vorteile liegen hierbei sowohl in der bereits erwähnten dauerhaften Speicherung von Daten als auch in der Möglichkeit einer Verknüpfung von aktuellen mit bereits geschriebenen Texten. Hier ist ein starker Gegensatz zum Platzmangel und der Formatbeschränktheit durch bestimmte Seitenanzahlen innerhalb früher journalistischer Erzeugnisse zu erkennen. Um dem Anspruch einer totalen Aktualität gerecht zu werden, können bestehende Nachrichten auch nach ihrer Veröffentlichung noch stetig aktualisiert werden, was dem Rezipienten gleichzeitig einen Einblick in die Nachrichtenproduktion gibt (vgl. Karlsson

2011, S. 289). In diesem Zusammenhang spielt auch die Multimedialisierung eine wichtige Rolle:[7] In Form von Verknüpfungen durch Hyperlinks oder den unzähligen Verschmelzungsmöglichkeiten mit Bildern, Audio und Videos findet sie gegenwärtig im Internet ihren Höhepunkt. Wie bereits im Abschnitt zuvor erwähnt, ist die räumliche Dimension dabei kaum relevant, da dem Versenden von Nachrichten über mobile Endgeräte praktisch keine Grenzen gesetzt sind.

All diese Eigenschaften und Möglichkeiten fließen in den Prozess einer gewissen Realitätskonstruktion der Journalisten ein. Das *Framing-Konzept* (vgl. Ruhrmann 2010, S. 100-103) hat sich mittlerweile etabliert, um die Kontexte einzelner Nachrichten zu bewerten und zu gruppieren. Bestimmten Ereignissen wird somit durch individuelle journalistische Aufarbeitung die Möglichkeit eines öffentlich-diskursiven Potentials gegeben. Die Theorie des Framings entstammt aus der *Agenda-Setting*-Forschung, die postuliert, dass gewisse Prioritätszuschreibungen in der Gesellschaft ihren Ursprung in der Medienrealität finden, da sie erst durch bestimmte Themen- und Schwerpunktsetzungen seitens der Medienproduzenten gebildet werden (vgl. Frerichs 2000, S. 168). Qualitative und scheinbar individuelle Themenrangfolgen der Rezipienten werden also erst aufgrund der festgelegten Themenrangfolgen der Massenmedien gebildet (vgl. ebd.). Eine meinungsbeeinflussende Eigenschaft gegenwärtiger journalistischer Nachrichten ist dieser Theorie zufolge nicht abzustreiten.

3.3 UMRISS DES JOURNALISTISCHEN BERUFS DER GEGENWART

Das Kollektiv der „klassischen", auf Printmedien ausgerichteten Nachrichtenschreiber wurde im Laufe der Zeit um Redaktionen ergänzt, die ihre Meldungen ausschließlich online publizieren. Da sich die Umgebung des Mediensystems maßgeblich auf die Arbeitsweise der Journalisten auswirkt (vgl. Machill und Beiler 2011, S. 166), erscheint eine aktuelle Verortung des Berufes relevanter denn je, sodass es die Frage zu stellen gilt, in welchen Grenzen Journalisten arbeiten und welche neuen Freiräume und Pflichten sich im Hinblick auf die Medialisierung gebildet haben.

Im Zuge der hohen Informationszirkulation haben die Nachrichtenagenturen ihre Übertragungsgeschwindigkeit erheblich erhöht, was zur Folge hat, dass der Journalist

---

[7] Obwohl sich die vorliegende Arbeit mit der *gegenwärtigen* technologischen Entwicklung befasst, darf nicht aus den Augen verloren werden, dass die Multimedialisierung sich im Laufe des 20. Jahrhunderts durch die Errungenschaften wie Fotografie oder Film *schrittweise* vollzog.

einer regelrechten Informationsflut ausgesetzt ist (vgl. Frerichs 2000, S. 125). Die reine Auswahl der Nachrichten hat sich deshalb von einer routinemäßigen Tätigkeit zu einer fordernden Hauptaufgabe der Journalisten entwickelt. Für die Be- und Verarbeitung der Informationen steht demnach in der Praxis immer weniger Zeit zur Verfügung. Zudem gibt es in Online-Nachrichtenredaktionen kein redaktionelles Fristende mehr, das abhängig vom Druck des Mediums sein könnte – alle Nachrichtenmeldungen müssen so aktuell wie möglich online präsentiert werden. Diese Eigenschaften manifestieren sich in einem Zwang zu höchstmöglicher Aktualität, der die Journalisten zunehmend unter Druck setzt (vgl. Ruhrmann und Göbbel 2007, S. 10 und S. 26).

Obwohl PR-Agenturen noch immer ein wichtiger Anlaufpunkt für die Beschaffung von Quellen sind, sinkt dieser Aspekt im Zuge der Entwicklung des Web 2.0 zunehmend (vgl. Oriella PR Network 2011, S. 3). Online-Suchdienste spielen hingegen für die effektive Nachrichtenbeschaffung eine immer größere Rolle. Besonders durch das Monopol der Suchmaschine Google spricht man gegenwärtig bereits von einer *Google-ization* im Rechercheprozess: Marcel Machill und Markus Beiler veröffentlichten dazu 2011 die Ergebnisse einer Befragung unter 235 Journalisten aus 34 Media-Unternehmen der Bereiche Zeitung, Radio, TV und Online-Medien. In der, eigenen Angaben zufolge, „most extensive observation study on journalistic research" (Machill und Beiler 2011, S. 171) wurden in einem Beobachtungszeitraum von 1959 Stunden über 30.000 Aktivitäten kodiert. Die Untersuchung führte zu dem Ergebnis, dass die Online-Suchmaschine als „highly specialized research instrument with consequences for the entire search process" (ebd., S. 173) immer häufiger benutzt wird. In diesem Kontext wird durchschnittlich 43% der reinen Arbeitszeit eines Journalisten (1 Stunde und 46 Minuten) für Themensuche, Relevanzzuschreibungen sowie das Einbinden gefundener Informationen in einen Gesamtzusammenhang aufgewendet (vgl. ebd., S. 171-172). Demgegenüber werden durchschnittlich lediglich elf Minuten in eine Verifizierung von Quellen investiert (vgl. ebd.). Einer Überprüfung der Validität der zu berichtenden Informationen wird also lange nicht so viel Wert beigemessen wie dem Finden der Information selbst. Diesem „Bequemlichkeitsproblem" des blinden Vertrauens in Suchmaschinenergebnissen sind sich Journalisten durchaus bewusst (vgl. ebd., S. 190). Demnach liegt nahe, dass der Wert der Nachrichten unter der vernachlässigten Verifizierung von Quellen leidet, was ein weiteres Indiz für die bereits angesprochene Zeitproblematik ist. In gewisser Weise kann dies jedoch ausgeglichen werden, da Recherche mit dem Computer beinahe doppelt so schnell abläuft wie die klassischen Methoden des Telefonierens oder Konferierens (vgl. ebd. S. 175). Das hohe Maß an

Flexibilität in der Zeitdimension, was den Journalisten durch die neuen Medien zur Verfügung steht, muss also direkt in die Produktivität einfließen.

Inhaltlich hat sich der bereits angesprochene Trend zur detaillierteren Beantwortung möglichst vieler Kernfragen zwar im Laufe des 19. Jahrhunderts immer mehr etabliert; jedoch steht er gegenwärtig in einem diametralen Spannungsverhältnis zu der Anforderung einer totalen Aktualität. So besteht eine hohe Wahrscheinlichkeit, dass aufgrund der eben genannten Gründe im Zuge des Kompromisses zwischen „möglichst informativ" und „möglichst aktuell" zwangsläufig ein gewisser Teil von Informationen verloren geht.

Bürgerjournalismus als neue Form des Journalismus

Die im Abschnitt 2.3 erwähnte Pressefreiheit unterlag im Laufe der Zeit zahlreichen Reformen, gilt aber grundsätzlich noch immer. Sie wird in Deutschland durch den Artikel 5 des Grundgesetzes gestützt, welcher besagt, dass jeder Mensch seine Meinung frei in Wort, Bild und Ton äußern darf. Diese politische Entwicklung kommt der gegenwärtigen Nachrichtenproduktion zugute und steht in einem klaren Gegensatz zu der Obrigkeitskontrolle sehr früher Nachrichtenmeldungen (vgl. Stephens 2007, S. 22). An Bedeutung gewinnt dieser Fakt hinsichtlich des Web 2.0, in dem es einem jeden freigestellt wird, Neuigkeiten und Meinungen öffentlich zu postulieren; „[d]ie Partizipation von Bürgern am öffentlichen Diskurs ist nun ohne technischen Aufwand und ohne die Vermittlung oder Beschränkung durch Medieninstitutionen möglich" (Schweiger und Quandt 2008, S. 12). Als Plattformen werden dafür zum Großteil die bereits erwähnten (Micro-)Blogging-Systeme benutzt. Die Spannweite dieses neu herausgebildeten Informationsangebotes reicht von Privatpersonen, die über Neuigkeiten informieren möchten bis hin zu Watchblogs, die sich regelmäßig und kritisch mit journalistischen Erzeugnissen auseinandersetzen.

Demzufolge muss mittlerweile zwischen partizipativen und professionell-journalistischen Nachrichtenangeboten unterschieden werden (vgl. Engesser 2008, S. 111-113). In diesem Zusammenhang hat sich mit dem Bürgerjournalismus oder Laienjournalismus[8] eine recht junge Form der Informationsverbreitung entwickelt. Sein Kerngedanke besteht darin, dass der Rezipient selbst am journalistischen Schaffensprozess partizipieren kann, indem er Nachrichten aus der Mitte der Gesellschaft verbreitet,

---

[8] Eine detaillierte Begriffsbestimmung wurde bislang noch nicht vorgenommen, sodass auch hier, analog zu den Definitionsversuchen des klassischen Journalismus, die Grenzen verschwimmen. Engesser und Wimmer (2009, S. 47) sprechen in diesem Zusammenhang sogar von einer „Begriffshyperinflation".

ohne dafür von Nachrichtenorganisationen bezahlt zu werden (vgl. Robinson und DeShano 2011, S. 965). Er ist damit in der Lage nicht nur sich selbst, sondern auch seine Mitmenschen selbstständig und unabhängig zu informieren und hat damit gleichsam Teil am demokratischen Prozess (vgl. Steiner und Roberts 2011, S. 207). Bürgerjournalistische Erzeugnisse können zusätzlich kommentiert und diskutiert werden. Traditionelle Formen der einseitigen Partizipation am journalistischen Schaffensprozess, die etwa im Schreiben von Leserbriefen bestanden, nehmen somit mehr und mehr einen Diskurscharakter an. Die Schwelle von Kommunikatoren und Rezipienten ist somit nicht nur in der Theorie des Web 2.0, sondern auch in der journalistischen Praxis verschwindend gering geworden. „Journalisten müssen künftig nicht nur für ihr Publikum arbeiten, sondern auch mit ihm in einen unablässigen Dialog treten." (Weichert et al 2010, S. 16) Die Interaktivität neuer Medien zwingt sie somit zu einem Umdenken bezüglich ihrer Berufsausübung (vgl. Karlsson 2011, S. 281).

Im Zuge dieser Entwicklungen hat sich ein Spannungsfeld herausgebildet, in dem Bottom-Up-Prozesse den Top-Down-Prozessen gegenüberstehen: Während im redaktionellen Journalismus die Nachrichten einer systemimmanenten Filterung und Kontrolle unterliegen, werden partizipative Nachrichten ungefiltert veröffentlicht (vgl. Engesser 2008, S. 111). Dabei wird der bereits erwähnte Zwang zur Aktualität von Bürgerjournalisten nicht als solcher wahrgenommen, weil sie in keinem genuin professionell journalistischen Arbeitsverhältnis stehen und darüber hinaus geringe bzw. keine ökonomische Motive hegen. Die Motivation des Publizierens kann hier eher als eine praktische Form vom Ausüben des Rechts auf Meinungsfreiheit angesehen werden (vgl. ebd., S. 119). Dem klassischen Agenda-Setting-Prinzip wird durch den Bürgerjournalismus die Substanz entzogen: Eine Themensetzung geschieht nicht mehr ausschließlich durch die Massenmedien, sondern auch durch den Rezipienten selbst, der die Rolle eines Medienproduzenten einnimmt. „In fact, not only are users acting as producers, but they are also taking on roles of opinion leaders, of gatekeepers, of innovators and of distributors" (Cardoso 2011, S. 127).

Ein weiteres hervorstechendes Merkmal ist die Freiheit der Berichterstattung: Die Nachricht wird von den Laien direkt publiziert, ohne dass sie von einer anderen Kontrolle abhängig ist als der eigenen. Bestimmten inhaltlichen Richtlinien sind sie dabei nicht ausgesetzt. Im Gegensatz dazu ist der professionelle Informationsjournalist nicht nur an bestimmte Formen gebunden; auch auf inhaltlicher Ebene gilt es, ein gewisses Maß an Objektivität einzuhalten. Diesen Verpflichtungen muss nachgekommen werden, da der professionelle Journalist stets für eine bestimmte Zielgruppe arbeitet. Das „Urteilsvermögen ist [...] ausgerichtet auf das Publikum, das man zu bedienen versucht" (Ruhrmann und Göbbel 2007, S. 20).

Praktisch gesehen fällt jedoch auf, dass bislang nur wenige Menschen von diesem System Gebrauch machen. So ergab eine Umfrage aus dem Jahre 2009, dass lediglich 7% der befragten US-amerikanischen Bürger selbst Nachrichten publiziert haben (vgl. Steiner und Roberts 2011, S. 198). Auch in deutschen Untersuchungen wurde festgestellt, dass der Mitmachcharakter des Web 2.0 sich eher in sozialen Netzwerken und Videoportalen bemerkbar macht (vgl. Busemann und Gscheidle 2011, S. 360). Mittlerweile ist dieses Konzept dennoch so populär, dass es auf nationaler wie internationaler Ebene eigens dafür ausgerichtete Webseiten gibt, die sich erst vor einigen Jahren herausgebildet haben. Als bekannte Beispiele ist neben der bislang reichweitenstärksten bürgerjournalistischen Webseite *OhMyNews.com* auch das deutsche Nachrichtenportal *shortnews.de* zu nennen (vgl. Engesser und Wimmer 2009, S. 54). Die Reliabilität der Meldungen wird innerhalb dieser Seiten durch die Kontrolle der Masse gestützt. Hierbei ist jedoch zu beachten, dass professionelle Journalisten eine Art Gatekeeper-Rolle einnehmen, da eingesandte Nachrichten stets final überprüft werden, bevor sie veröffentlicht werden können (vgl. ebd., S. 48). Maßnahmen für eine Koppelung dieser beiden Faktoren werden überdies auch außerhalb des Internet ergriffen, so organisiert etwa OhMyNews.com internationale Konferenzen zu dem Thema und richtet sogar Ausbildungsstätten für Bürgerjournalisten ein (vgl. ebd., S. 53-54).

Auch professionelle Nachrichtenredaktionen nehmen neuerdings die Hilfe von Bürgerjournalisten in Anspruch (vgl. Engesser 2008, S. 114; Robinson und DeShano 2011, S. 977-978). Diese Maßnahme wird in Printmedien gleichsam wie in Online-Medien ergriffen und ist vordergründig ökonomischen Beweggründen geschuldet: Während die Redaktionen zunehmend kleiner werden und die Verlage immer mehr Einsparungen machen müssen, wollen sie dennoch größtmöglichen Profit erzielen, was ein Zurückgreifen auf Laien als konsequente Maßnahme erscheinen lässt (vgl. Neuberger 2006). Es hat sich also ein Trend zur Vermischung und gegenseitigen Beeinflussung von professioneller und partizipativer Informationsproduktion eingestellt (vgl. Robinson und DeShano 2011, S. 979), der die schwachen Umrisse einer allgemeinen journalistischen Definition noch weiter ins Schwanken bringt.

3.4 Folgen der Veränderungen in vergleichender Perspektive

Presse und Journalismus haben sich in den letzten 200 Jahren zu immer relevanteren Akteurs- und Regelsystemen entwickelt, sodass sich mittlerweile verschiedene Theorien und Fragestellungen herausgebildet haben, die sowohl Institutionen als auch Individuen innerhalb dieser Erscheinungen analysieren (vgl. Kepplinger 2011, S. 9). Vorherrschende Grundeigenschaften können dennoch festgehalten werden: So liegen die Kernaufgaben eines Journalisten im Veröffentlichen non-fiktionaler Geschehnisse in einem redaktionellen Kontext, der in einer gewissen Abhängigkeit von bestimmten Medienorganisationen steht (vgl. Quandt 2004, S. 452). Diese Umschreibung lässt sich bereits auf die ersten professionellen Journalisten vor ca. 200 Jahren anwenden; für die Online-Kommunikation treffen diese Merkmale jedoch immer weniger zu. Nachdem sich der Begriff des Journalismus im späten 19. Jahrhundert durch zahlreiche Verästelungen in Rundfunk-, TV- oder Zeitungsjournalismus immer mehr ausdifferenzierte, geht diese Trennschärfe durch die neuen Medien jedoch wieder verloren (vgl. Kepplinger 2011, S. 7), sodass gegenwärtig viele Tätigkeiten, die im Gesamtprozess der Nachrichtenproduktion liegen, von Online-Journalisten ausgeführt werden können und teilweise auch müssen (Schneider und Raue 2009, S. 251-253). Folglich wird auch der Beruf derzeitiger Journalisten nicht nur vom Schreiben der Nachrichten selbst bestimmt – zusätzlich gilt es, mit der jeweiligen Technik firm zu sein, da die Multimedialisierung sich stark auf die Berichterstattung auswirkt. Hinsichtlich der aktuellen Arbeitsweisen des Journalisten kann man somit „von einem Medienallrounder sprechen" (Ruhrmann und Göbbel 2007, S. 11). Doch bereits lange vor der Entstehung der Mediengesellschaft war im Zuge der Industrialisierung eine ähnliche Ausrichtung des Berufsstandes wahrnehmbar: „Mit dem Bleisatz gingen ehrbare Berufe unter wie der Schriftsetzer. Die Zeitungs*herstellung* verschwindet völlig; die Technik wandert in die Redaktion." (Schneider und Raue 2009, S. 251; Hervorh. i. O.) Bereits hier wird deutlich, dass im Zuge technischer Entwicklungen immer mehr Tätigkeiten im journalistischen Kontext selbst auszuführen waren. Dies wirkt sich im weiteren Schluss auch auf die Anforderungen der Schreiber an die Nachricht selbst aus. Der Fakt, dass die Journalisten in ihrer Arbeitsweise im hohen Maße von der Schnelllebigkeit und den damit verbundenen Qualifikationsanforderungen des Mediensystems abhängig sind, lässt sich also auch auf die Zeit der Entstehung des Journalismus übertragen.

In diesem Zusammenhang ist es gegenwärtig zusätzlich wichtig, eine Unterscheidung zwischen traditionellen und Online-Medienangeboten vorzunehmen, insbesondere weil Inhaltsanalysen von Online-Angeboten bislang noch nicht im Zentrum des wissenschaftlichen Interesses standen (vgl. Quandt 2008, S. 134). Hier wird ersichtlich, dass die Definition des Berufsfeldes selbst nach wie vor problematisch erscheint. Die Frage, wie man Journalisten von Nicht-Journalisten abgrenzen kann, konnte bisher lediglich in gewissen Kontexten und Abhängigkeiten beantwortet werden. Gegenwärtig muss der Fokus zusätzlich darauf gelegt werden, die beiden Begriffe „Internet" und „Journalismus", für deren Einzeldefinition es bereits keine Einigkeit in der Kommunikationswissenschaft gibt, sinnvoll miteinander in Bezug zu setzen (vgl. Neuberger 2008, S. 17).

(De-)Professionalisierung des Journalismus

Trotz der Komplexität des Berufsfeldes, die im Rahmen des Informationszeitalters weiter zunahm, hat der gegenwärtige redaktionelle Journalismus lediglich den Anschein einer Profession. Demnach kann nicht von einer genuinen Profession wie jener der Juristen oder Ärzte gesprochen werden, da die Ausbildung keine besonderen Vorerfahrungen voraussetzt. Nur selten wird in der journalistischen Praxis auf Theorie- oder Modellwissen zurückgegriffen – das A und O ist die Praxiserfahrung selbst (vgl. Kepplinger 2011, S. 230). Wilke bringt diese Problematik auf den Punkt:

> Einzuräumen ist, dass [aus dem Journalismus] keine Profession in dem strengen Sinne werden konnte, wie die moderne Berufssoziologie diesen Begriff heute versteht. Dafür fehlen ihm (bis in die Gegenwart) bestimmte Eigenschaften, und zwar vor allem hinsichtlich Berufszugang, Ausbildung, Kompetenz und Standesethik. (Wilke 2008, S. 291)

Obwohl nicht zu vernachlässigen ist, dass verschiedene Thesen und Ansätze kursieren, die eine Professionalisierung des Berufs bis in die 70er Jahre des 20. Jahrhunderts datieren (vgl. Requate 1995, S.15 - 16), wird von Wissenschaftlern und Verbänden schon seit einiger Zeit eine *tatsächliche* Professionalisierung des Journalismus gefordert (vgl. Kepplinger 2011, S. 227). Mit dieser soll nicht nur die Qualität der Nachrichten verbessert werden – auch kann dies „zu einer relativen Autonomie gegenüber politischen Institutionen und privaten Interessen" führen (ebd.). Der Journalismus ist jedoch nicht nur äußeren Einflüssen ausgesetzt; auch die eben zitierten privaten Interessen sind in Verbindung mit dem meinungsbildenden Potential der Presse ein Bestandteil gegenwärtiger Diskurse. Die Massenmedien werden mittlerweile als „vierte Staatsgewalt" bezeichnet, da sich Journalismus und Presse einer Kontrolle des Staates weitestgehend entziehen und demzufolge keine institutionalisierte „Professionalisierung von oben" vorherrscht (Requate 1995, S. 17). Der tatsächliche Einfluss der Nachrichtenfaktorentheorie ist aus diesem Grund schwierig zu umreißen: Zwar sind Journalisten damals wie heute zu einem bestimmten Maß an Objektivität verpflichtet, jedoch ist die Nachrichtenauswahl stark geprägt von persönlichen Entscheidungen (vgl. Kepplinger 2011, S. 123-125). „Der Einfluss von politischen Einstellungen und Meinungen auf berufliche Entscheidungen ist im Journalismus legitim und zudem kaum vermeidbar." (ebd., S. 125) Kepplinger fasst hier zusammen, woran eine wissenschaftliche Professionalisierung scheitern könnte: An dem starken Einfluss der persönlichen Meinung, die zugleich eine Notwendigkeit im Kontext der Nachrichtenberichterstattung darstellt. Auch die jeweilige Arbeitsumgebung wiegt hier schwer: Dass die bereits angesprochene *Google-ization* einen entscheidenden Einfluss auf die Nachrichtenbeschaffung in Online- und Printjournalismus ausübt, haben auch Nina Springer und Jens Wolling (2008, S. 54) herausgefunden, die in ihrer Studie zu dem Schluss kamen, dass „[d]ie Journalisten [...] sich bei der Onlinerecherche mit Suchmaschinen sehr ähnlich wie Normaluser" verhalten. Aus diesem Grund fordern auch sie gesonderte Ausbildungen für Journalisten, um sich mit gesteigerter Kompetenz von den Normalusern abgrenzen zu können (vgl. ebd., S. 57).

Der Wechselwirkungsprozess einer scheinbar notwendigen Abgrenzung von äußeren Einwirkungen, sowie die Kontrolle des Einflusses der Presse selbst auf die Gesellschaft, werden hier deutlich. Weiterhin ist festzuhalten, dass der Prozess der Professionalisierung, der zu Beginn des 19. Jahrhunderts erstmalig wahrnehmbar war, nie tatsächlich abgeschlossen wurde, sodass es keine konkrete Grenze zwischen professionellem und nicht-professionellem Journalismus zu geben scheint. In der Kommunikationswissenschaft muss deshalb vorläufig die Frage gestellt werden, welche Aussagekraft in diesem Zusammenhang gewisse methodologische Überlegungen und Studien haben, die ihren Blickpunkt auf den Journalismus legen.

Die Rolle der Rezipienten für die Nachrichtenproduktion

Für die Nachrichtenerstellung gelten viel eher „ungeschriebene Gesetze" als strikte Richtlinien. Aus diesem Grund verfassten Schreiber im Laufe der Zeit zunehmend Nachrichten außerhalb redaktioneller Kontexte und gemäß selbst auferlegten Regeln. Zudem kann sich praktisch jeder Mensch „Journalist" nennen, da die Berufsbezeichnung nicht geschützt ist. Eine Bestimmung professionell-journalistischer Elemente wird dadurch faktisch ad absurdum geführt. Da die Partizipation der Bürger – besonders bei Online-Medien – einen weitaus größeren Einfluss auf professionelle Berichterstattung als in der Vergangenheit haben kann, darf dieser Prozess mittlerweile nicht mehr aus den Augen verloren werden. In den USA wird dieser Trend schon seit einigen Jahren verstärkt wahrgenommen; so stellte das Weiße Haus bereits 2005 den ersten Bloggern Presseausweise aus und bescheinigte damit die Berechtigung zur Ausübung einer professionellen journalistischen Tätigkeit (vgl. Robinson und DeShano 2011, S. 964). Die Relevanz der journalistischen Partizipation aus der bürgerlichen Mitte heraus wird jedoch nicht nur in den Vereinigten Staaten deutlich; auch in deutschen Medien wird zunehmend die Meinung der Blogosphäre thematisiert und diskutiert, etwa wenn es um die Einschätzung der Bürger zu aktuellen politischen Ereignissen geht (vgl. etwa Reinhold 2012).

Wie man unschwer erkennen kann, hat diese Situation für ein Schwanken des Kräfteverhältnisses zwischen Nachrichtenproduzent und Nachrichtenkonsument gesorgt. Auch Christoph Neuberger (2006) ist der Ansicht, dass sich die Journalisten in „Navigatoren und teilweise in Moderatoren verwandeln, die das Gespräch mit den Nutzern moderieren". Nicht wenige Berufsjournalisten reagieren eher skeptisch auf diese Erscheinung (vgl. Quandt 2008, S. 145; Weichert 2011, S. 363). Bereits seit dem Ende des 20. Jahrhunderts gab es Kontroversen über dieses Thema, die gegenwärtig wohl noch nicht einmal ihren Höhepunkt erreicht haben dürften (vgl. Steiner und Roberts 2011, S. 191). Dennoch lohnt es sich, den partizipativen Einfluss in die Gesamtbetrachtung der Thematik einzubeziehen: Es bieten sich durchaus bestimmte Ausgangssituationen, in denen sich der Bürgerjournalismus von Vorteil gegenüber dem professionellen Journalismus erweisen kann (vgl. Reich 2008, S. 751). Vom derzeit wohl wichtigsten Kriterium der Aktualität aus gesehen, haben Bürgerjournalisten zudem den vehementen Vorteil, unter Umständen direkt am Geschehen sein zu können. So wurde beispielsweise Anfang 2009 die Meldung über einen Flugzeugabsturz via Twitter mitgeteilt, noch bevor dieses Thema von den Mainstream-Medien auf die Agenda gesetzt wurde (vgl. Patalong 2009). Derartige Einzelfälle zeigen auch in der Praxis, dass im Bürgerjournalismus ein unbestreitbares Potential vorhanden ist. Er nimmt in unserer modernen Gesellschaft also eine wichtige Rolle ein, da er nicht nur das Ansehen einer urteilenden Öffentlichkeit fördert, sondern gleichzeitig die gegenwärtigen Bedingungen nach höchstmöglicher Aktualität zu erfüllen vermag.

Im Hinblick auf diese Zusammenhänge könnte von einem Kreis gesprochen werden, der sich schließt. So waren die Schreiber zu Beginn der Nachrichtenproduktion selbst nur normale Bürger, die sich vordergründig auf die Mitteilung von politischen und gesellschaftlichen Umständen konzentriert haben. Dies stellte auch Stephan Weichert (2011, S. 365) fest: „Im Grunde steuert die Presse [...] wieder auf die historischen Wurzeln zu, aus denen sie entsprungen ist: dem Räsonnement der Bürger, als bloßes Organ des Informationstransports." Jedoch gilt es sich auch die Frage zu stellen, ob und inwiefern sich diese partizipativen Formen auf Dauer etablieren und auf welche Art und Weise sie sich mit dem professionell-redaktionellen Journalismus vereinbaren lassen. Gegenwärtig stehen Diskurse über diesen Einfluss im Mittelpunkt der Journalismusforschung. Neuberger (2006) spricht sich im Zuge der Möglichkeiten, die für jeden offen stehen, für einen „Mechanismus der Qualitätssicherung" aus, der analog zu redaktionellen Kontrollmechanismen stehen sollte. Auch Zvi Reich (2008, S. 753) ist der Ansicht, dass es mittlerweile nötig wäre, eine Soziologie des Bürgerjournalismus aus den Angeln zu heben; letzten Endes dienten massenmedial verbreitete Informationen damals wie heute sowohl für den Journalisten als auch für den Bürger der politischen Willensbildung. Die laienjournalistische Benutzung neuer Medien sollte also weniger als Konkurrenz, sondern vielmehr als Ergänzung zum professionellen Journalismus verstanden werden, welche jedoch mit bestimmten Standards ausgestattet werden muss, um Legitimität aufzubauen und diese dauerhaft bewahren zu können (vgl. Karlsson 2011, S. 292).

Einfluss gesellschaftlicher Veränderungen / Ökonomisierung

Kommt man im Zusammenhang mit der demokratieunterstützenden Funktion bürgerjournalistischer Erzeugnisse auf die entstandene, mittlerweile fest im Gesetz verankerte, Freiheit der Meinungsäußerung zurück, tauchen einige Probleme auf. Eine Kontrolle oder Filterung von Nachrichten geschieht im Falle von Social Media nur unzureichend, sodass die Information sowie die Nachrichtenquelle kritisch hinterfragt werden müssen. Dies lässt sich jedoch nicht nur auf laienjournalistische Informationen, sondern auch auf professionelle, redaktionell-journalistische Erzeugnisse übertragen: Obwohl sich eine Kontrolle von Veröffentlichungen innerhalb geschlossener Gruppen abspielt, scheint die Tendenz groß, eher für eine Profitmaximierung anstatt für das Publikum zu schreiben, weil die Kommerzialisierung einen zunehmend starken Einfluss auf die gegenwärtige Nachrichtenproduktion hat (vgl. Ruhrmann und Göbbel 2007, S. 67). Das Eindringen ökonomischer Interessen in die Autopoiesis des journalistischen Systems könnte somit nicht nur zu dessen Entdifferenzierung führen, sondern auch die bereits thematisierte Deprofessionalisierung des Berufsstandes weiter fördern (vgl. Birkner 2010, S. 51). Jedoch ist zu berücksichtigen, dass die Kommerzialisierung des Pressewesens bereits kurz nach der Erfindung des Buchdrucks spürbar gewesen ist (vgl. Birkner 2010, S. 44; Stöber 2005, S. 27-28). Für eine bestimmte Zeit mag der zunehmende Fortschritt des Journalismus zwar zum Vorteil für die Schreiber gewesen sein; gegenwärtig steht es jedoch, analog zum Beginn professionell-journalistischer Nachrichtenproduktion, schlecht (vgl. Weichert 2011, S. 369). „Das Jahrhundert, in der [sic!] professioneller Journalismus noch große Renditen einfahren konnte, mag endgültig zu

Ende sein." (ebd., S. 370) Es eröffnet sich in diesem Zusammenhang jedoch das Potential, sich von diesem Zwang loszulösen und einer Professionalisierung entgegensteuern zu können.

Die Rolle des Agenda-Settings und der Nachrichtenwerttheorie

Wie bereits erwähnt, wird seit Beginn der journalistischen Nachrichtenproduktion *für* ein bestimmtes Publikum geschrieben. So sind auch die im Abschnitt 2.1 aufgeführten Nachrichtenwerte am ehesten zu umschreiben als „mehr oder minder intuitive Annahme der Journalisten, was die Rezipienten interessiert [und] was die Aufmerksamkeit des Publikums findet" (Wilke 1984, S. 233). Aufgrund der neuen Einflüsse und damit verbundenen zahlreichen Definitionsmöglichkeiten verlieren sie jedoch immer mehr ihre definitorische Schärfe. Sie dienen für die Beschreibung einer Nachricht *an sich*; Schlussfolgerungen bezüglich möglicher Intentionen des Schreibers sind aufgrund der zahlreichen Einflussfaktoren auf den journalistischen Schaffensprozess eher kontraproduktiv und bieten sich eher im historischen Zusammenhang an. Auch Ruhrmann thematisiert dieses Dilemma:

> Von jeher sind die Ursachen und Gründe für die mit journalistischem Veröffentlichen implizierten Selektivitäten komplex. Denn politische, wirtschaftliche und organisatorische Zusammenhänge sind derart miteinander verwoben, dass man sie eigentlich nur analytisch-theoretisch identifizieren kann. (Ruhrmann 2010, S. 98)

Das vom Sozialpsychologen Kurt Lewin geprägte *Gatekeeper-Konzept* griff die Nachrichtenwert-Theorie von Lippmann auf und vermag den Prozess der Nachrichtenwahl sehr anschaulich zu beschreiben. Journalisten haben demnach großen Einfluss auf den Nachrichtenfluss, da sie regelmäßig die Informationsquellen überprüfen und in ihrer Rolle als „Schleusenwärter" letztendlich entscheiden, welche Informationen vermittelt werden und welche nicht (vgl. Wilke 1984, S. 68). Jedoch wandelte sich die Bedeutung dieser Ansicht in Verbindung mit den Veränderungen des Mediensystems. Beispielsweise fungieren bei einer journalistischen Online-Recherche die Algorithmen der Suchmaschinen streng genommen viel eher als Gatekeeper als die Journalisten selbst, weil die Zeit in den meisten Fällen nicht ausreicht, die Suchergebnisse intensiver zu kontrollieren. So ist die Abhängigkeit der Massenmedien viel einschneidender als noch zu Beginn der professionellen Nachrichtenproduktion. Im Hinblick auf den Laienjournalismus wird deutlich, dass es keine Elemente gibt, die als Gatekeeper fungieren können. Um eine Struktur in den Prozess der Veröffentlichung zu bringen, wäre es demnach sinnvoll, die bereits angesprochene Verknüpfung professioneller Richtlinien mit bürgerjournalistischen Prinzipien umzusetzen, damit der Journalist als

Gatekeeper fungieren kann. In diesem Kontext muss jedoch nicht nur die Definition des Berufes selbst einen Wandel erfahren, sondern auch die Merkmale journalistischer Erzeugnisse.

Auch das Agenda-Setting-Prinzip verliert durch den Bürgerjournalismus derzeit an Schärfe, weil im Zuge der Untersuchung einer Themenrangfolge der Bürger zusätzlich der Einfluss von Internetveröffentlichungen in Betracht gezogen werden muss. Selbst eine Umkehrung des Prinzips ist nun möglich, indem die Bürger bestimmte Themen auf die Agenda setzen, die im Anschluss daran von Journalisten aufgegriffen werden (vgl. etwa Reinhold 2012). Zudem ist auffällig, dass dieses Konzept beinahe ausschließlich auf Presseerzeugnisse der Gegenwart angewandt wird, indem analysiert wird, welche Themen von den Redakteuren festgelegt sind und im Anschluss daran diskutiert wird, wie stark sich dies in der Themenrangfolge des Rezipienten widerspiegelt. In historischer Betrachtung wird jedoch davon ausgegangen, dass die Presseerzeugnisse ein Produkt der Zeit darstellen, in der sie geschrieben worden sind. Die Kernfrage nach einer bestimmten Qualität von Journalismus wurde in der damaligen Zeit noch gar nicht gestellt, da den Bürgern bereits der bloße Fakt der Rezipierbarkeit von Nachrichten genügte. Gegenwärtig könnte eine historische Anwendung dieser Prinzipien jedoch von Vorteil sein, um eine weitere Perspektive vom damaligen Zeitgeschehen zu erhalten und mögliche Zusammenhänge hinsichtlich der Entwicklung des Journalismus entschlüsseln zu können. Wissenschaftliche Betrachtungen sind also gegenwärtig für das Bewusstsein einer Kontrolle der Informationsflut nützlich, waren damals jedoch noch weniger gefragt, da noch nicht viele Möglichkeiten der Informationsaufnahme und –verarbeitung zirkulierten.

Empirische Aspekte

Es darf trotz allem nicht aus den Augen verloren werden, dass die aktive Teilnahme am Web 2.0 derzeit stagniert und lediglich 12% aller Onliner von den Möglichkeiten des dynamischen Informationsaustauschs Gebrauch machen (vgl. Busemann und Gscheidle 2011, S. 360). Auch auf Twitter greifen lediglich von 3% der Internetnutzer zurück (vgl. ebd., S. 368-369). Quandt (2008, S. 143) fand in einer seiner Untersuchungen heraus, dass User Generated Content im Zuge der Online-Nachrichtenproduktion ein „absoluter Ausnahmefall" ist. Trotz dieser scheinbar verschwindend geringen Werte wurde in den vorherigen Abschnitten aufgezeigt, dass das Potential einer sich gegenseitig beeinflussenden und fruchtbaren Ko-Existenz von bürgerjournalistischer und professioneller Nachrichtenproduktion durchaus vorhanden ist, obwohl auf der Individualebene Laienjournalisten mit professionellen Journalisten in einem Wettbewerb um die Erfüllung des Zeitmanagements vom Rezipienten zu stehen scheinen. Zumal ist das Web 2.0 noch eine vergleichsweise neue Erscheinung, sodass jüngere User derzeit in dieses Medium „hineinwachsen" und es bereits deutlich öfter benutzen als ältere Rezipienten (vgl. Busemann und Gscheidle 2011, S. 366). Diese hoch bedeutenden Aspekte der jeweiligen Mediennutzungsmöglichkeiten stellen nicht nur den wichtigsten Betrachtungspunkt hinsichtlich laienjournalistischer Partizipation der Gegenwart dar, sondern kennzeichnen gleichzeitig einen der größten Unterschiede zum Journalismus von vor 200 Jahren. In Verbindung mit diesem Nutzungspotential bietet sich deshalb eine Analogie zu der Entstehung des Pressewesens an: Obwohl die Presse bereits 1450 erfunden wurde, erschienen die ersten genuinen Zeitungen erst 150 Jahre später. Analog dazu befinden sich auch das Web 2.0 und seine Artefakte selbst noch in einem sehr frühen Stadium, sodass die Möglichkeiten der weiteren Entwicklungen bislang nur schwerlich einzuschätzen sind. Ein wesentliches Potential ist anhand der Partizipationsmöglichkeiten gegenwärtig deutlich wahrnehmbar, jedoch scheint es noch lange nicht ausgeschöpft.

4. FAZIT

Die Literatur umschreibt die Zeit zu Beginn des 19. Jahrhunderts nicht selten als stilprägend für den modernen Journalismus. So ist die Rede von einer *Kommunikationsrevolution*, da die Medien im Zuge der Massenkommunikation für alle Menschen zugänglich waren. Mittlerweile ist die Medienrezeption zu einer universellen Selbstverständlichkeit für den Bürger geworden. Das Bedürfnis nach Neuigkeiten, das sich innerhalb der letzten Jahrhunderte herausgebildet hat (vgl. Stephens 2007, S. 7), wird im Zuge der gegenwärtigen Mediengesellschaft erstmals vollends befriedigt, da sich die Bevölkerung in Mitteleuropa von einer Hochkultur zu einer Weltgesellschaft entwickelt hat, in der hinsichtlich der Informationsvermittlung nur noch wenige Grenzen vorherrschen. Zusätzlich zu Sprache und Schrift hat somit auch die Medientechnik mit ihren Errungenschaften ihren festen Platz gefunden. Dass sich dies auch auf die Arbeitsweise der Medienproduzenten auswirkt, ist nur allzu logisch.

Im Laufe der Zeit wurde versucht, dem neu entstandenen Journalismus durch bestimmte Richtlinien und Arbeitsprinzipien ein schärferes Profil zu verleihen. Ferner wirkten sich die demokratischen Gesetzgebungen auf dieses System aus, indem sie für zusätzliche Freiheiten sorgten. Diese Entwicklung war zur Zeit der anfänglichen Professionalisierung des Berufsstandes noch undenkbar und hat sich im Laufe der letzten 200 Jahre nach und nach herausgebildet. Wie festgestellt wurde, ändern sich die Merkmale des Journalismus gemeinsam mit den umgebenden Bedingungen und Voraussetzungen ständig, sodass sein Wesen nur unscharf umrissen und nur in Abhängigkeit der jeweiligen Zeit betrachtet werden kann. Neben der gesellschaftlichen Umgebung gilt es auch besonderes Augenmerk auf die wirtschaftlichen und technischen Umstände zu legen, da diese einen maßgeblichen Einfluss auf das gesamtgesellschaftliche System auszuüben vermögen (vgl. Birkner 2010, S. 43). Eine eindeutige Bezeichnung des Begriffes „Journalismus" hat sich aufgrund dessen nicht bilden können. Die Fluten von Informationen, die tagtäglich von Laien publiziert werden, tun ihr Übriges um dem Berufsbild immer mehr Unschärfe zu verleihen. Wahrnehmbar ist dies besonders im Hinblick auf die neuen Medien: „Im Internet wird erst publiziert und dann geprüft." (Neuberger 2006) Dies macht es der Kommunikationswissenschaft auch in Zukunft schwer, eindeutige Aussagen und Prognosen bezüglich dieser Thematik zu treffen.

Gegenwärtig sind wir an einem Punkt angekommen, an dem nach hunderten von Jahren der Rezeption gedruckter Medien eine Kehrtwende in Richtung Digitalisierung zu spüren ist. Die von Alvin Toffler bereits 1980 erdachte Vorstellung eines Bürgers als *Prosumers*, also einer Mischung aus Medienproduzenten und -konsumenten (vgl. Steiner und Roberts 2011, S. 204), ist somit gegenwärtig zur Realität geworden: Eine Grenze zwischen Stimulus und Response oder Kommunikator und Rezipient lässt sich im Bezug auf die neuen Medien nur noch schwer ziehen, sodass traditionelle Konzepte neu überdacht werden müssen. Zudem ist es schwierig, in Zeiten von User Generated Content noch von *einem* Publikum zu sprechen. Kann nun von einer zweiten Kommunikationsrevolution ausgegangen werden, weil Medien für alle als *Sender* zur Verfügung stehen? Anhand reiner Nutzungsstatistiken ist diese Frage nur schwerlich zu bejahen. Fakt ist jedoch, dass sich die mediale Öffentlichkeit, bedingt durch die technischen Errungenschaften, maßgeblich verändert hat. Mittlerweile ist es kein Problem mehr, an Informationen selbst zu kommen und die Schnelligkeit der eigentlichen Rezeption scheint relevanter als die Nachricht selbst.

Der Nachrichtenschreiber fungierte in diesem System zu Beginn noch als Regulator der Politik, indem er Missstände aufzuzeigen vermochte (vgl. Wilke 2009, S. 374-384). Dieser ursprüngliche Faktor des Aufklärerischen besteht im professionellen Journalismus noch immer, was sich etwa in Interviews bestätigt: Es gehe nicht ausschließlich um Quoten, sondern auch um die Erfüllung eines Auftrages (vgl. Ruhrmann und Göbbel 2007, S. 52). Mittlerweile sind die Massenmedien jedoch so stark, dass sie selbst im Zentrum von Regulierungsproblematiken stehen. In diesem Zusammenhang sollte die Frage aufgeworfen werden, welche Relevanz der einzelne Journalist in seiner Rolle als Gatekeeper hat. Aus diesen Gründen wird in Blogs, Essays und wissenschaftlicher Literatur die Frage gestellt, ob man bereits mit dem „Ende des Journalismus" rechnen muss, weil er seine Existenzberechtigung verloren haben könnte. Horst Pöttker (2010, S. 108) spricht dabei von einer Krise des Journalismus, „in der viele Journalisten sich noch weniger als früher sicher sind, wie sie handeln sollen"; Erscheinungen des Internet bezeichnet er als „Gefahren" für das journalistische System (ebd., S. 120). Neuberger et al. (2010, S. 14) verneinen die Frage nach dem Ende, da auch „im Internet journalistische Vermittlungsleistungen notwendig bleiben". Dem stimmen Weichert et al. (2010, S. 17) zu, so stehe es „letztlich außerfrage, dass professionelle Berichterstatter weiterhin gebraucht werden – allerdings müssen sie auch bereit sein, in anderen Kategorien, Kontexten und Begriffen zu denken, mit denen sie unsere Welt erschließen".

Auch Pöttker besinnt sich im weiteren Verlauf seiner Untersuchung darauf, dass der Journalismus die gegenwärtige Phase des Umbruchs überstehen wird, indem er sich auf historische Begebenheiten beruft: So gab es bisher immer und unabhängig vom Mediensystem Menschen, die sich auf Nachrichtenübertragung spezialisiert haben (vgl. Pöttker 2010, S. 120). Jedoch führt diese auf reinem Professionalismus ausgerichtete Erkenntnis zu einem dualistischen Denken, welches die Potentiale und Partizipationsmöglichkeiten des Web 2.0 nur indirekt mit einbezieht. Es ist allerdings von hoher Relevanz, laienjournalistische Erscheinungen zu berücksichtigen und sinnvoll mit der Philosophie des etablierten professionellen Journalismus zu verknüpfen, obwohl die fehlende Qualitätstransparenz zunächst Kredibilitätsprobleme auslösen könnte (vgl. Johnson und Wiedenbeck 2009, S. 335) und bürgerjournalistische Erzeugnisse vom Rezipienten stets kritisch hinterfragt werden müssen. Wie bereits angedeutet wurde, könnte sich die Gatekeeper-Forschung bei dieser Problematik als hilfreich erweisen, um die Reliabilität in publizierten Meldungen unabhängig vom Status des Vermittlers auf eine adäquate Ebene zu bringen. Damit sich der Bürgerjournalismus also etablieren kann, muss auf neue Hilfsmittel zurückgegriffen werden, die dem Autor einer Nachricht nicht nur ein ausreichend scharfes Profil zuschreiben, sondern auch dafür sorgen, die Kredibilität von bürgerjournalistischen Erzeugnissen zu erhöhen, um infolgedessen auf weitläufige positive Resonanz stoßen zu können (vgl. ebd., S. 343).

Das Ansehen eines Nachrichtenschreibers sollte somit vom reinen Status des „Profis" hin zu individuellen und zwischenmenschlichen Erfahrungspunkten wie Vertrauen oder Reputation rücken. Eine schrittweise Entökonomisierung des journalistischen Systems könnte sich dabei als hilfreich erweisen, um ein höheres Maß an Unverfälschtheit der Veröffentlichungen gewährleisten zu können. Letztendlich ist nämlich entscheidend, „sauberen" Journalismus zu praktizieren; von wem er letzten Endes ausgeht, sollte in diesem Kontext irrelevant sein. Die bereits erwähnten Maßnahmen der professionell-partizipativen Online-Angebote shortnews.de und OhMyNews.com stellen hierbei effiziente Ansätze dar, um die Quantität bürgerjournalistischer Erzeugnisse zu kontrollieren und durch „Zwischen-Gatekeeper" in Form von ausgebildeten Journalisten die nötige Reliabilität zu sichern. In der wissenschaftlichen Betrachtung wären vergleichende Inhaltsanalysen von professionellen Nachrichtenseiten und bürgerjournalistischen Erzeugnissen sinnvoll, um Unterschiede herauszustellen und Impulse für eine Angleichung beider Elemente geben zu können.

Der Bürgerjournalismus kann also zwar durchaus als ein Kontrapunkt zum professionellen Journalismus, der sich aufgrund des Konkurrenzdrucks und dem Zwang zur Aktualität immer mehr kommerzialisiert (vgl. Ruhrmann und Göbbel 2007, S. 65) gesehen werden; jedoch sollte man ihn viel eher als eine Chance begreifen, die Qualitäten von Nachrichten zu erhöhen, nicht zuletzt um den aufklärerischen Grundgedanken der allgemeinen Informationsverbreitung gerecht zu werden. Die Handlungsfreiheit eines jeden Einzelnen sorgt zwar verständlicherweise für Konfusion bei professionellen Journalisten, bietet jedoch gleichsam ein Chancenpotential für eine Verknüpfung der Vorteile beider Elemente. Von einem laienjournalistischen *Substitut* kann man nach derzeitigem Stand nicht ausgehen, nicht zuletzt weil diese Art der Ergänzung schon so alt wie die Presse selbst ist, was bereits der Abdruck von Leserfotos in journalistischen Erzeugnissen Anfang des letzten Jahrhunderts beweist (vgl. Elitz 2010, S. 33). So bleibt festzuhalten, dass Bürgerreporter den Journalisten nicht den Rang ablaufen sondern eher ein sinnvolles Korrelat darstellen können (vgl. Reich 2008, S. 740).

Genauso ist auszuschließen, dass das Internet herkömmliche Medien oder Kommunikationsmethoden ersetzt. Vielmehr fungiert es auch hier als Ergänzung, was sich bereits im Prozess der Informationsbeschaffung bemerkbar macht: „The computer-aided research tools are [...] a permanent feature of everyday research and have *supplemented* the classic research instruments." (Machill und Beiler 2011, S. 177; Hervorh. d. Verf.) Hinsichtlich dieser Entwicklung ist bei traditionellen Erzeugnissen wie der Zeitung davon auszugehen, dass sie „stark" sind, weil sie auch im Aufkommen neuer Medien des 20. Jahrhunderts keineswegs an Bedeutung verloren haben (vgl. Wilke 2008, S. 341). Quandt (2008, S. 152) wagt die Prognose, dass sich Online-Nachrichten im Laufe der Zeit von den traditionellen Medien abnabeln, und somit „eine eigene Identität und Sprache" finden. Da jedoch auch im gegenwärtigen Informationszeitalter noch immer Bücher, Zeitungen und Zeitschriften rezipiert werden, könnte eine Mediennutzungsanalyse Aufschlüsse über die weitere Genese „neuer" und „alter" Medien und somit auch Potentiale für die Entwicklung journalistischer Nachrichtenproduktion aufzeigen. Die eingangs aufgestellten Thesen konnten nicht nur im Hinblick auf die Arbeitsweise der Nachrichtenschreiber bestätigt werden; mehr noch ist auffällig, dass sich der Journalismus nicht nur in einer gegenwärtigen, sondern in einer *konstanten* Phase des Umbruchs befindet. In diesem Zusammenhang ist es jedoch schwer, Prognosen zu ziehen, da gewisse Abhängigkeiten immer in die Betrachtung einbezogen werden müssen. „Wer die journalistische Zukunft im Netz wirklich heraufbeschwören will, muss bereit sein, den Beruf gleich neu zu erfinden" (Weichert 2011, S. 364).

QUELLENVERZEICHNIS

Birkner, T. (2010): Das Jahrhundert des Journalismus - ökonomische Grundlagen und Bedrohungen. *Publizistik,* 55 (1), 41–54.

Blöbaum, B. (1994): *Journalismus als soziales System.* Darmstadt: Westdt. Verl.

Böhn, A., & Seidler, A. (2008): *Mediengeschichte. Eine Einführung.* Tübingen: Narr.

Busemann, K., & Gscheidle, C. (2011): Web 2.0: Aktive Mitwirkung bleibt auf niedrigem Niveau. *Media Perspektiven,* 15 (7-8), 360–369.

Cardoso, G. (2011): From mass to networked communication. In S. Papathanassopoulos (Hrsg.): *Media Perspectives for the 21st Century* (S.117–136). London, New York: Routledge.

Dussel, K. (2004): *Deutsche Tagespresse im 19. und 20. Jahrhundert.* Münster: Lit.

Elitz, E. (2010): Echtheit statt Echtzeit. In der Branche herrscht Endzeitstimmung. Dabei brauchen wir die Wahrheitsfanatiker und Tabubrecher mehr denn je. In S. Weichert, L. Kramp & H.J. Jakobs (Hrsg.): *Wozu noch Journalismus? Wie das Internet einen Beruf verändert* (S. 28–34). Göttingen: Vandenhoeck & Ruprecht.

Engesser, S. (2008): Professionell-partizipative Nachrichtensites. In T. Quandt & W. Schweiger (Hrsg.): *Journalismus online - Partizipation oder Profession?* (S. 111–128). Wiesbaden: VS.

Engesser, S., & Wimmer, J. (2009): Gegenöffentlichkeit(en) und partizipativer Journalismus im Internet. *Publizistik,* 54 (1), 43–63.

Faulstich, W. (2006): *Mediengeschichte. Bd. 2: Von 1700 bis ins 3. Jahrtausend.* Göttingen: Vandenhoeck & Ruprecht.

Frerichs, S. (2000): *Bausteine einer systemischen Nachrichtentheorie.* Wiesbaden: Westdt. Verl.

Groth, O. (1998): *Vermittelte Mitteilung. Ein journalistisches Modell der Massenkommunikation.* Hrsg. v. W.R. Langenbucher. München: R. Fischer.

Johnson, K.A., & Wiedenbeck, S. (2009): Enhancing Perceived Credibility of Citizen Journalism Web Sites. *Journalism and Mass Communication Quarterly,* 86 (2), 332–348.

Karlsson, M. (2011): The immediacy of online news, the visibility of journalistic processes and a restructuring of journalistic authority. *Journalism,* 12 (3), 279–295.

Kepplinger, H.M. (2011): *Journalismus als Beruf.* Wiesbaden: VS.

Luhmann, N. (2009): *Die Realität der Massenmedien.* Wiesbaden: VS.

Machill, M., & Beiler, M. (2011): How does the Internet change journalistic investigation and how should communication science deal with this issue? A multimethod approach for researching journalists' investigative work in TV, radio, printed press and online media. In S. Papathanassopoulos (Hrsg.): *Media Perspectives for the 21st Century* (S. 166–190). London, New York: Routledge.

McLuhan, M., & Powers, B.R. (1995): *The global village. Der Weg der Mediengesellschaft in das 21. Jahrhundert.* Aus dem amerikanischen und mit einem Beitrag versehen von C.P. Leonhardt; Mit einer Einleitung von D. Baacke. Paderborn: Junfermann.

Neuberger, C. (2008): Internet und Journalismusforschung. Theoretische Neujustierung und Forschungsagenda. In T. Quandt & W. Schweiger (Hrsg.): *Journalismus online - Partizipation oder Profession?* (S.17–42). Wiesbaden: VS.

Neuberger, C., Vom Hofe, H.J., & Nuernbergk, C. (2010): *Twitter und Journalismus. Zum Einfluss des "Social Web" auf die Nachrichten*. Düsseldorf: LfM.

Pöttker, H. (2010): Der Beruf zur Öffentlichkeit. Über Aufgabe, Grundsätze und Perspektiven des Journalismus in der Mediengesellschaft aus der Sicht praktischer Vernunft. *Publizistik,* 55 (2), 107–128.

Quandt, T. (2004): Das Ende des Journalismus? Theorien zur Analyse netzbasierter Medienkommunikation. In M. Löffelholz (Hrsg.): *Theorien des Journalismus. Ein diskursives Handbuch.* 2., vollständig überarbeitete und erweiterte Auflage (S. 451–468). Wiesbaden: VS.

Quandt, T. (2008): Neues Medium, alter Journalismus? Eine vergleichende Inhaltsanalyse tagesaktueller Print- und Online-Nachrichtenangebote. In T. Quandt & W. Schweiger (Hrsg.): *Journalismus online - Partizipation oder Profession?* (S. 131–155). Wiesbaden: VS.

Reich, Z. (2008): How Citizens Create News Stories. The "news access" problem reversed. *Journalism Studies,* 9 (5), 739–758.

Requate, J. (1995): *Journalismus als Beruf. Entstehung und Entwicklung des Journalistenberufs im 19. Jahrhundert. Deutschland im internationalen Vergleich.* Göttingen: Vandenhoeck & Ruprecht.

Robinson, S., & DeShano, C. (2011): 'Anyone can now': Citizen journalism and the interpretive community of the mainstream press. *Journalism,* 12 (8), 963–982.

Ruhrmann, G. (2010): Nachrichtenauswahl - Vergleichbarkeit in zwei Jahrhunderten. In W. Greiling & F. Schulz (Hrsg.*): Vom Autor zum Publikum. Kommunikation und Ideenzirkulation um 1800* (S. 93–108). Bremen: Edition Lumière.

Schneider, W., & Raue, P.J. (2009): *Das neue Handbuch des Journalismus.* 5. Aufl. Reinbeck bei Hamburg: Rowohlt Taschenbuch Verlag.

Schweiger, W., & Quandt, T. (2008): Einführung. Journalismus online. Partizipation oder Profession. In dieselben: *Journalismus online - Partizipation oder Profession?* (S. 11–15). Wiesbaden: VS.

Springer, N., & Wolling, J. (2008): Recherchoogeln. Wie Zeitungsjournalisten das Internet für ihre Arbeit benutzen. In T. Quandt & W. Schweiger (Hrsg.): *Journalismus online - Partizipation oder Profession?* (S. 45–59). Wiesbaden: VS.

Steiner, L., & Roberts, J. (2011): Philosophical linkages between public journalism and citizen journalism. In S. Papathanassopoulos (Hrsg.): *Media Perspectives for the 21st Century* (S. 191–211). London, New York: Routledge.

Stephens, M. (2007): *A History of News.* New York: Oxford University Press.

Stöber, R. (2005): *Deutsche Pressegeschichte. Von den Anfängen bis zur Gegenwart.* 2., überarbeitete Auflage. Konstanz: UVK-Verl.-Ges.

Telesko, W. (2010): *Das 19. Jahrhundert. Eine Epoche und Ihre Medien.* Wien, Köln, Weimar: Böhlau.

Weichert, S., Kramp, L., & Jakobs, H.J. (Hrsg.) (2010): *Wozu noch Journalismus? Wie das Internet einen Beruf verändert.* Göttingen: Vandenhoeck & Ruprecht.

Weichert, S. (2011): Der neue Journalismus. *Publizistik,* 56 (4), 363–371.

Wilke, J. (1984): *Nachrichtenauswahl und Medienrealität in vier Jahrhunderten. Eine Modellstudie zur Verbindung von historischer und empirischer Publizistikwissenschaft.* Berlin, New York: De Gruyter.

Wilke, J. (2008): *Grundzüge der Medien- und Kommunikationsgeschichte.* Köln: Böhlau.

Wilke, J. (2009): *Massenmedien und Journalismus in Geschichte und Gegenwart.* Bremen: Edition Lumière.

Wilke, J. (2010): Medien- und Kommunikationsgeschichte um 1800. Erscheinungsformen, Determinanten, Grundfragen. In W. Greiling & F. Schulz (Hrsg.): *Vom Autor zum Publikum. Kommunikation und Ideenzirkulation um 1800* (S. 37–52). Bremen: Edition Lumière.

ONLINE-QUELLEN

Neuberger, C. (2006): *Berufsrolle im Wandel - Interview zwischen Günter Herkel und Prof. Dr. Christoph Neuberger.*
Online verfügbar unter:
http://mmm.verdi.de/++skin++print/archiv/2006/09/titelthema_buergerjournalismus/berufsrol le_im_wandel?
(zuletzt geprüft am 06.03.2012)

Oriella PR Network (2011): *Clicks, Communities and Conversations. The State of Journalism in 2011. Oriella PR Network Digital Journalism Study.*
Online verfügbar unter:
http://orielladigitaljournalism.com/files/assets/downloads/publication.pdf
(zuletzt geprüft am 06.03.2012)

Patalong, F. (2009): *Airbus-Unglück auf Twitter. „Da ist ein Flugzeug im Hudson River. Verrückt.“*
Online verfügbar unter:
http://www.spiegel.de/netzwelt/web/0,1518,601588,00.html
(zuletzt geprüft am 06.03.2012)

Reinhold, F. (2012): *Reaktionen im Internet. Gaucks Gegner sammeln sich im Netz.*
Online verfügbar unter:
http://www.spiegel.de/politik/deutschland/0,1518,816445,00.html
(zuletzt geprüft am 06.03.2012)

Ruhrmann, G.,& Göbbel, R. (2007): *Veränderung der Nachrichtenfaktoren und Auswirkungen auf die journalistische Praxis in Deutschland.* Abschlussbericht für netzwerk recherche e.V. Wiesbaden.
Online verfügbar unter:
http://www.netzwerkrecherche.de/files/nr-studie-nachrichtenfaktoren.pdf
(zuletzt geprüft am 06.03.2012)